KONGZHIQUAN SIYOU SHOUYI
YU QIYE CHUANGXIN MOSHI YANJIU

控制权私有收益
与企业创新模式研究

顾　群◎著

中国财经出版传媒集团

经济科学出版社
Economic Science Press

图书在版编目（CIP）数据

控制权私有收益与企业创新模式研究／顾群著．
—北京：经济科学出版社，2021.8
ISBN 978－7－5218－2843－6

Ⅰ.①控… Ⅱ.①顾… Ⅲ.①上市公司－股东－
研究－中国 Ⅳ.①F279.246

中国版本图书馆 CIP 数据核字（2021）第 181269 号

责任编辑：张　蕾
责任校对：杨　海
责任印制：王世伟

控制权私有收益与企业创新模式研究
顾　群　著
经济科学出版社出版、发行　新华书店经销
社址：北京市海淀区阜成路甲 28 号　邮编：100142
编辑工作室电话：010－88191375　发行部电话：010－88191522
网址：www. esp. com. cn
电子邮箱：esp@ esp. com. cn
天猫网店：经济科学出版社旗舰店
网址：http：//jjkxcbs. tmall. com
北京季蜂印刷有限公司印装
710×1000　16 开　10.5 印张　200000 字
2021 年 11 月第 1 版　2021 年 11 月第 1 次印刷
ISBN 978－7－5218－2843－6　定价：79.00 元
（图书出现印装问题，本社负责调换。电话：010－88191510）
（版权所有　侵权必究　打击盗版　举报热线：010－88191661
QQ：2242791300　营销中心电话：010－88191537
电子邮箱：dbts@ esp. com. cn）

前　言

创新是一个民族进步的灵魂，是一个国家长盛不衰的永恒动力。当前，我国经济发展进入以"速度下台阶，效益上台阶"为特征的经济新常态。习近平总书记指出，新常态下，我国经济发展的主要特点是增长速度要从高速转向中高速，发展方式要从规模速度型转向质量效益型，经济结构调整要从增量扩能为主转向调整存量、做优增量并举，发展动力要从主要依靠资源和低成本劳动力等要素投入转向创新驱动。① 这些变化意味着，我国经济将从以数量为中心向提升质量为中心进行转变，分工协作会更复杂，经济形态会更高级，经济结构更趋向于合理。因此，经济增长方式的转变将变得愈发重要，知识和技术将成为重要的要素投入，创新必将取代资源、劳动力而成为新的主要经济推动力。为应对环境快速变化带来的挑战，企业不断探索的是以有效的技术创新推动持续经营。企业需要合理制定创新战略，通过多样化的技术创新来应对环境变化带来的挑战，才能实现企业的长期繁荣。企业不仅需要开发式创新提升运营效率并获取短期经营效益，同样也需要通过探索式创新保证在未来市场的潜在竞争力。探索式创新和开发式创新缺一不可，企业在保证探索式创新和开发式创新存在的同时，必须平衡并协调两种创新模式，即实现双元创新平衡。

我国上市公司的控股股东持股比例高，沪深两市 A 股上市公司中，股权结构几乎都呈现控制权向大股东集中的倾向。控股股东与中小股东之间会形成一种控股股东替中小股东进行各种决策的委托代理关系，控股股东就会利用这种机会获取控制权私有收益。为了使控制权与现金流权产生偏离，控股

---

① 中共中央宣传部组织编著. 习近平总书记系列重要讲话读本（2016 年版）［M］. 北京：学习出版社、人民出版社，2016.

股东会通过金字塔结构、交叉持股和发行复式表决权股票这些方式来实现利益侵占，从而以较小的现金流权获得较大的控制权进而实现控制上市公司的目的。因此，学者们开始将代理问题作为影响企业研发创新的重要影响因素。由于控股股东和中小股东的目标函数存在差异，控股股东对控制权私有收益的追求会使其对研发创新偏离企业价值最大化的轨道。因此，控股权私有收益不可避免地对企业的创新问题产生影响。

股权集中模式下控股股东与中小股东之间的第二类代理问题，已经逐渐取代股权分散模式下股东与管理者之间的第一类代理问题，成为目前公司治理研究的主要内容。公司治理是企业研发创新的制度基础，良好的公司治理有利于企业建立起研发创新的长效投入机制。本课题以委托代理理论、信息不对称理论、控制权理论、创新平衡理论为基础，通过对我国上市公司控股股东股权集中结构下的研发创新问题研究，不仅有助于丰富公司治理理论，还可以进一步充实"第二类委托代理"理论与企业创新理论相结合的相关研究成果。

通过研究，本书得到如下结论：

第一，由于中国上市公司普遍存在金字塔式的股权结构，控制权与现金流权两权分离现象严重。控制权与现金流权的分离，就意味着控股股东会产生掠夺其余中小股东利益的动机，并且通过参与企业的经营管理活动，把掠夺中小股东利益的动机变成了可能。控股股东会在项目选择、风险控制上做出不利于中小股东的决策，加剧了企业的非效率投资行为。虽然创新投入能够给公司带来长远利益，但控股股东为了最大化控制权私有收益，缺乏进行研发创新投入的意愿。

第二，创新活动按照所承担风险的不同可分为探索式创新与开发式创新两种模式。根据双元创新理论，企业要想紧跟市场步伐、应对市场挑战，需要兼顾这两方面的创新。当控股股东的控制权与现金流权偏离程度高时，会提高控股股东与中小股东之间的信息不对称，降低控股股东的利益侵占成本，控股股东为了获得更多的私有收益，会偏好于探索式创新。当控股股东的控制权与现金流权接近时，控股股东的利益将和企业趋于一致。控股股东为获得稳定的共享收益，在项目选择上会趋于保守，倾向于选择开发式创新。

第三，企业采取双元创新平衡模式，不仅能够及时地为企业提供新技术和产品,增强环境的适应性,而且可以同时均衡长短期绩效并实现企业绩效的最大化。无论是探索创新过度还是开发创新过度对企业均为不利,都会降低两种创新活动的平衡性。企业的控股股东为了获取更多的私有收益会在创新模式选择上存在偏好,不利于双元创新平衡。因此,要减少对企业和中小股东的利益侵占行为,协调探索式创新与开发式创新的关系,使二者平衡发展。

第四,董事会规模可以在一定程度上弱化控制权私有收益与创新投入、开发式创新、双元创新平衡之间的负向关系,但不显著;董事会规模能够有效缓解控制权私有收益对企业探索式创新的影响。独立董事比例可以在一定程度上弱化控制权私有收益与创新投入、开发式创新、双元创新平衡之间的负向关系,但不显著;独立董事比例能够有效缓解控制权私有收益对企业探索式创新的影响。董事会持股比例可以有效缓解控制权私有收益对创新投入、双元创新平衡的影响;虽然董事会持股比例可以弱化控制权私有收益与探索式创新、开发式创新之间的关系,但不显著。股权制衡可以有效缓解控制权私有收益对创新投入、探索式创新、开发式创新、双元创新平衡的影响。机构投资者持股比例可以有效缓解控制权私有收益对创新投入、探索式创新、双元创新平衡的影响,但对于控制权私有收益与开发式创新之间的关系没有发挥有效作用。

第五,本书采用董事会规模、独立董事比例、董事会持股比例、股权制衡、机构投资者持股比例五个指标通过因子分析法计算综合得分来衡量上市企业的公司治理水平。结果显示,虽然公司治理的诸多因素有可能无法单独发挥有效的治理作用,但是对代理成本的综合影响并不是公司治理的个别特征所能替代的,公司治理作为综合治理体系可以有效地发挥对控股股东的治理作用,可以降低控制权私有收益,促进企业整体创新投入以及不同的创新模式有效发展,有助于双元创新实现平衡。

本书由天津财经大学会计学院顾群教授完成,硕士研究生张红玲、冯玥玮、刘青协助完成了部分资料的收集整理工作,特向他们表示感谢。

目 录
Contents

| 第 1 章 |

绪　论

1.1　研究背景

创新是一个民族进步的灵魂，是一个国家长盛不衰的永恒动力。当前，我国经济发展进入以"速度下台阶，效益上台阶"为特征的经济新常态。经济由高速增长转为中高速增长，经济增长下行的压力很大，2015 年的 GDP 增长速度 25 年以来首次低于 7%。我国一直以污染环境、浪费自然资源和廉价劳动力推动的经济增长目前已无法继续维持，单纯依靠成本领先赚辛苦钱的模式已经不再适用。依靠研发、坚持创新、提升经济发展质量已成为目前中国经济改革的必经之路。习近平总书记指出，新常态下，我国经济发展的主要特点是增长速度要从高速转向中高速，发展方式要从规模速度型转向质量效益型，经济结构调整要从增量扩能为主转向调整存量、做优增量并举，发展动力要从主要依靠资源和低成本劳动力等要素投入转向创新驱动。① 这些变化意味着，我国经济发展将从以数量为中心向提升质量为中心进行转变，分工协作会更复杂，经济形态会更高级，经济结构会更趋向于合理。因此，经济增长方式的转变将变得愈发重要，知识和技术将成为重要的要素投入，创新必将替代资源、劳动力而成为新的经济推动力。2016 年，习近平总书记在全国科技创新大会、两院院士大会、中国科协第九次全国代表大会上明确指出，创新始终是一个国家、一个民族发展的重要力量，也始终是推动人类社会进步的重要力量，必须把创新摆在国家发展全局的核心位置。2019 年，习近平总书记给 2019 年世界制造业大会的贺信中指出，中国高度重视制造业

① 中共中央宣传部组织编著. 习近平总书记系列重要讲话读本（2016 年版）［M］. 北京：学习出版社、人民出版社，2016.

发展，坚持创新驱动发展战略，把推动制造业高质量发展作为构建现代化经济体系的重要一环。2017 年第十二届全国人民代表大会第五次会议上，李克强总理的政府工作报告指出，要以创新引领实体经济转型升级，要深入实施创新驱动发展战略。党的十九大报告提出："创新是引领发展的第一动力，是建设现代化经济体系的战略支撑。"当全球经济由工业经济向知识经济迈进的过程中，科学技术的迅猛发展以及工业结构的快速变化使得越来越多的人们意识到，在经济全球化的进程中，科技创新已成为一个国家取得长期竞争优势的唯一选择（Hsiao，2014）。企业是经济与科技的关键结合点，是最活跃的创新主体，要发挥企业在创新中的主体作用。在中央将"创新能力显著提升"列为"十四五"时期经济社会发展的第一个主要目标、全面推进供给侧改革的大背景下，引导企业制定切合实际的创新战略、提升技术研发能力，是实现产业结构调整和经济转型升级的必由之路。

为应对商业环境快速变化带来的挑战，企业不断探索的是以有效的技术创新推动持续经营。企业需要合理制定创新战略，进行有效的技术创新。特别是在市场环境日益复杂的今天，企业必须通过多样化的技术创新来应对环境变化带来的挑战，才能实现企业的长期繁荣。一方面，企业需要通过开发式创新提升运营效率并获取短期经营效益（He & Wong，2004）。另一方面，企业需要具备可持续发展的理念，通过探索式创新不断研发新技术、开拓新市场以保证其在未来市场的潜在竞争力（Jansen et al.，2006）。短期经营利益和长期竞争优势对企业发展同样重要，探索式创新和开发式创新缺一不可（March，1991）。然而过度关注开发式创新可能导致企业陷入"成功陷阱"，而过度追求探索式创新则会使企业陷入"失败陷阱"（Levinthal & March，1993）。因此，企业在保证探索式创新和开发式创新存在的同时，必须平衡并协调两种创新模式，即实现二元创新平衡。探索影响二元创新平衡的因素、实现二元创新平衡的机制以及揭示二元创新平衡的路径，已成为理论界讨论的重要命题。

公司的实际控制人即公司的控股股东会选择技术创新模式这一企业重大战略决策。我国资本市场是一个"新兴"市场，国企改制形成的上市公司占沪深两市的绝大多数，这些公司的国家股或者法人股通常占据控股股东的位置，控股股东持股比例高且其余大股东持股比例与控股股东相差甚远。虽然

"股权分置改革"也使国有股进行了相应的减持，但沪深两市 A 股上市公司中，股权结构几乎都呈现控制权向大股东集中的倾向。控股股东与中小股东之间会形成一种控股股东替中小股东进行各种决策的委托代理关系（陈信元等，2003），控股股东就会利用这种机会获取控制权私有收益。为了使控制权与现金流权产生偏离，控股股东会通过金字塔结构、交叉持股和发行复式表决权股票这些方式来实现利益侵占（La Porta et al.，1999），从而以较小的现金流权获得较大的控制权进而实现控制上市公司的目的。特别是东亚地区的国家对投资者（尤其是中小投资者）和其他利益相关者保护较弱，造成控股股东不仅有动力对其他中小股东进行利益攫取，而且控股股东的控制权优势也使其成为可能。因此，学者们开始将代理问题作为影响企业研发投资的重要影响因素，奥康纳和拉弗蒂（O'Connor & Rafferty，2012）研究表明企业内部由代理问题引发的公司治理将对企业技术创新产生影响。股权分散背景下的股东和管理者之间的代理问题逐渐减弱，伴随着股权集中度的提升，控股股东与中小股东之间的代理问题将成为研究的主流。由于控股股东和中小股东对公司有不同的利益诉求，即他们的目标函数存在差异。控股股东对控制权私有收益的追求会使其研发投资偏离企业价值最大化的轨道。因此，控股权私有收益不可避免地对企业的创新投入与创新模式选择产生影响。

1.2　研究意义

1.2.1　理论意义

股权分散背景下股东与管理者之间的第一类代理问题已经逐渐被股权集中背景下控股股东与中小股东之间的第二类代理问题所取代，第二类代理问题已成为目前公司治理研究的主要内容。因此，对控制权私有收益的深入分析有助于推进公司治理理论研究。尤其是我国不完善的资本市场，控股股东采用各种方式侵占中小股东的利益，攫取控制权私有收益。另外，理论界与实务界普遍认为提高企业核心竞争力的有效途径就是研发创新，但事实上企业是否研发创新，如何研发创新、控股股东与研发创新之间的关系如何等问题还缺乏理论支持和实证检验。企业内部由代理问题引发的公司治理机制对研发创新有重要影响，本书通过整体模型的理论构建和数理分析，深入研究和探讨在股权集中背景下，控股股东追求控制权私有收益的行为影响企业创新与创新模式的内在机理，不仅有助于丰富公司治理理论，还可以进一步充实"第二类委托代理"理论与企业创新理论相结合的相关研究成果。

1.2.2　现实意义

公司治理是企业研发创新的制度基础，良好的公司治理有利于企业建立起研发创新的长效投入机制。本书以委托代理理论、信息不对称理论、控制权理论、创新平衡理论为基础，通过对我国上市公司控股股东股权集中结构下的研发创新问题研究，为企业探寻合理的创新模式、提升企业绩效水平提供理论依据和经验证据；为提高企业的核心竞争力，完善企业的公司治理结构和控制权配置，改善公司治理、控制权对研发创新的传导机制，提供基于控制权配置视角的理论依据和实践证据；对完善我国企业公司治理机制、推动创新平衡发展、加快建设创新型国家提供理论依据与政策建议。

1.3　研究思路与结构安排

1.3.1　研究思路

本书首先系统梳理已有理论和文献，采用上市公司数据统计分析的方法，分析我国企业技术创新的现状，判断相关理论的适用性；然后立足我国企业股权高度集中的现实，以控制权理论、委托代理理论、信息不对称理论与创新理论为基础，进行整体模型的理论构建，基于控股股东追逐控制权私有收益的行为，理论探讨控制权私有收益对创新的影响；在此基础上，以上市公司为主要对象进行实证研究；并进一步考虑内外部机制的调节效应，厘清不同制度环境下控制权私有收益对创新投入、创新模式以及创新平衡性的实际影响；最后提出政策建议。技术路线如图 1 - 1 所示。

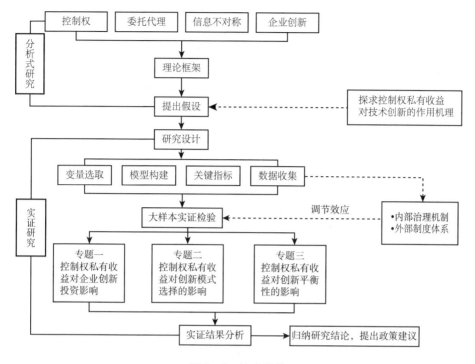

图1-1 技术路线

注：实线箭头表示研究流程，虚线箭头表示信息流向。

1.3.2 结构安排

本书共分6章，各章具体内容如下：

第1章：绪论。主要是对研究背景、研究意义、研究思路与结构安排作了介绍，然后在此基础上对相关概念作了界定。

第2章：理论基础与影响机理。本章以委托代理理论、信息不对称理论、控制权理论、创新平衡理论作为理论分析依据，其次研究了控制权私有收益对创新影响的作用机理，通过构建基于控股股东控制权收益的LLSV研发投资模型，分析控制权私有收益对企业研发创新行为的影响。

第3章：文献综述。本章对控制权结构的研究、控制权私有收益计量的研究、控制权私有收益的影响因素、控制权私有收益与投资的研究、股权集中度与创新投资的研究、双元创新平衡与企业绩效的相关文献进行回顾。

第 4 章：控制权私有收益对企业创新模式影响的实证设计。在相关文献和理论分析的基础上提出本书的研究假设，然后以 2008～2016 年深圳证券交易所中小企业板中的高新技术企业为研究样本，最后建立实证模型并对因变量、自变量、控制变量进行具体界定。

第 5 章：控制权私有收益对企业创新模式影响的实证结果分析。本章以选取样本公司的相关数据为基础，分析控制权私有收益对企业创新投入、创新模式、双元创新平衡影响的实证结果。首先对相关变量进行描述性统计和相关性分析；其次，对控制权私有收益与创新投入、模式、平衡性进行检验，再基于公司治理内外因素的影响，分别按照董事会规模、独立董事比例、董事会持股、股权制衡、投资者持股、公司治理等特征对控制权私有收益与创新投入、模式、平衡性的影响进行实证检验；最后对模型进行稳健型检验。

第 6 章：结论和政策建议。本章总结了文章的研究结论，针对研究结论，运用规范分析方法，从优化股权结构、完善上市公司信息披露制度、加强对中小股东利益的保护、发挥机构投资者的作用、完善独立董事制度几个角度，提出完善对控股股东的治理方式，从而有助于企业的创新决策。

1.4　相关概念界定

1.4.1　控制权和所有权

伯利和米恩斯（Berle & Means，1932）认为控制权是事实上所拥有的选择董事会成员或多数成员的权利。洛什等（Loss et al.，2015）认为对公司的控制可以通过母子公司间的控股与相互持股实现，从而对公司业务经营和决策有主导的权利。在股权高度分散的背景下，股东把经营决策权通过授权的方式交付给代理人，并且控股股东为了保证利益不受到损失也会同时采取相应的决策控制制度维护其利益，同时专业化代理人采取科学合理的经营决策给企业带来的好处，股东都可以享受到（Jensen & Meckling，1976；Fama & Jensen，1983）。但随着时代变迁，学者们对公司治理的深入研究后发现股权集中现象在公司是普遍存在的，控股股东的存在在很多上市公司是寻常现象

（Morck et al. ，1988）。因此，股权集中背景下的控制权会决定公司的经营管理和财务决策，对公司所有可利用的资源和资产产生控制和支配的权力，还有可能使公司成为利益集团实现目标的工具（Aghion & Tirole，1997）。

所有权取决于对公司具有表决权股份的数量和比例，是从法律角度拥有企业的一个标志。所有权有广义和狭义之分，广义的所有权包括股权、债权和人力资本所有权，狭义的所有权仅指现金流权（刘彤，2002）。本书是基于狭义角度研究所有权，即现金流权。所有权与控制权既有区别又有联系，只有通过股东大会选举出能代表该控股权的董事进入董事会，这一利益群体才能获得真正的控制权。因此，拥有所有权并不等同于获得了控制权。控股股东一旦拥有控制权，就会对企业的生产经营、财务活动具有决定作用。不仅可以带来收益，还会影响企业业绩与中小股东利益。学术界普遍认为所有权（现金流权）和控制权（投票权）在很多情况下是分离的，当控股股东的控制权大于现金流权时，例如控股股东 100% 控制一家企业，而他其实只占有 40% 的所有权，当没有对控股股东形成有效约束的前提下，控股股东是一定有动机和可能利用掌握的控制权侵占中小股东利益，以获得私有收益。

1.4.2 控股股东

股东持有公司股票达到一定比例之后，这些股东便可以影响企业的股东大会以及董事会做出的决策，使股东大会和董事会按照这些股东的意愿行事；并且能对公司的经营管理与财务决策起实际控制作用的股东，我们称之为控股股东（controlling shareholders）。"控制性股东""大股东"往往都是控股股东的别称。控股股东具有狭义和广义之分。狭义角度的控股股东往往是该公司的第一大股东，控股股东掌握公司的控制权比例等于掌握的所有权比例。然而，上市公司的大股东可以通过金字塔控股结构、交叉持股等形式使其所有权（现金流权）小于控制权（投票权），形成"同股不同权，小股有大权"，从而成为广义上的控股股东。由于各国立法和资本市场发展水平的差异，对控股股东的认定存在区别。美国法律协会起草的《公司治理原则：分析和建议》把控股股东定义为"有能力凭借其股东地位对公司运作和决策，以及特定交易可以行使支配性影响力的股东"。欧盟公司法（1983）将控股股东定义为"在附属公司经营管理人员或监管人员的大多数，同时又是该公司的股东或成员，或者有权对自己是股东或成员的附属公司行使控制性影响"。从定性的角度虽然给控股股东下定义比较容易，但基于实际操作层面需要对其进行量化就十分困难。国际通行标准是采用简化的方式，认为持股比例达到20%～25%之间的大股东就是控股股东。

我国证监会1997年颁布的《上市公司章程指引》对控股股东的界定规定如下：控股股东是指满足下列条件之一的股东：（1）此人单独或与其他人一致行动时，可以选出半数以上的董事；（2）此人单独或与其他人一致行动时，可以行使30%以上的表决权或控制30%以上的表决权的行使；（3）此人单独或与其他人一致行动时，持有公司30%以上的股份；（4）此人单独或与其他人一致行动时，可以以其他方式实际控制公司。由于我国上市公司第一大股东持股比例很高，且普遍存在一股独大的现象，因此第一大股东往往就是控股股东。

1.4.3　控制权私有收益

格罗斯曼和哈特（Grossman & Hart，1988）最早提出控制权私有收益（Private Benefits of Control，PBC）这个概念。他们认为控股股东凭借对企业所拥有的控制权的占有和使用，可以从中获得的价值之和称之为控制权收益。控制权收益可以分为两个部分：一部分是控股股东按照持股比例可以从企业当期收益中获取的部分，称之为共享收益，共享收益是公开透明的；另一部分则是控股股东凭借控制权所独自享受的收益，称之为私有收益，私有收益往往是采用隐秘的方式取得的。施莱费尔和维什尼（Shleifer & Vishny，1986）的看法与格罗斯曼和哈特（Grossman & Hart，1988）不同，认为控制权收益不包含共享收益部分，单指控股股东独享的私有收益。但私有收益也由两个部分组成：一部分是侧重于物质层面的货币性收益，是控股股东通过剥夺的方式转移资产所获取的收益（如关联交易、操纵股价）；另一部分是侧重于精神层面的非货币性收益，是控股股东在企业经营过程中享受的过度在职消费与休闲活动。但实际研究中对于非货币性收益的认定非常困难。因此，戴克和津加莱斯（Dyck & Zingales，2004）认为控制权私有收益是一种排他性收益，为控股股东独享，其余中小股东无法染指的收益，他们在研究时只承认货币性的控制权私有收益，而没有考虑非货币性控制权私有收益。为了避免歧义和混淆，本书在界定控制权私有收益时也是参考了戴克和津加莱斯（Dyck & Zingales，2004）的观点，本书认为控制权私有收益是控股股东对企业控制权的占用和使用而获得的独占性货币收益。

1.4.4　技术创新与研发（R&D）投资

（1）技术创新。

技术创新这一术语最早源于熊彼特（Schumpeter）在 1934 年的著作《经济发展理论》中提出的"创新理论"。熊彼特认为创新就是对生产要素重新进行排列组合，从而形成一个全新的生产函数。根据熊彼特的观点，引入新产品、采用新方法、开辟新市场、获得新供给来源、实现新产业组织方式或企业重组，这些都属于创新的范畴。从此以后也出现很多学者从不同视角来界定创新的本质。索罗（Solow，1957）提出的"两步论"被认为是技术创新概念界定的里程碑，他认为"新思想来源"和"以后阶段的实施发展"是企业进行技术创新的两个重要步骤，并且他重视创新的过程。伊诺思（Enos，1962）从行为结果角度认为技术创新是一种综合结果，包括了制定计划、发明、资金投入、招募工人和开拓市场等，缺少任何一个环节都会影响技术创新的效果。曼斯菲尔德（Mansfield，1964）是从市场接受角度界定技术创新，他认为技术创新就是企业提供的新产品或新工艺得到消费者的认可并得到广泛使用。厄特贝克和阿伯内西（Utterback & Abernathy，1975）从创新内容角度提出技术创新的动态过程模型，技术创新分为变动阶段、过渡阶段和特定阶段，创新频率体现出随时间变化的动态特征。缪塞尔（Mueser，1985）认为创新是满足构思的新颖性和成功实现的非连续事件。

（2）研发（R&D）投资。

R&D 是 research and experiment development 的简写，是国际通用科学技术术语。联合国教科文组织把 R&D 定义为在科学技术领域中，为增加知识以及运用这些知识去创造新的应用而进行的系统性的、创造性的活动。2019 年国家统计局制定的《研究与试验发展（R&D）投入统计规范（试行）》中把 R&D 定义为增加知识存量（也包括有关人类、文化和社会的知识）以及设计已有知识的新应用而进行的创造性、系统性工作，包括基础研究、应用研究和试验发展三种类型。基础研究是一种不预设任何特定应用或使用目的的实验性或理论性工作，其主要目的是为获得（已发生）现象和可观察事实的基本原理、规律和新知识。应用研究是为获取新知识，达到某一特定的实际目的或目标而开展的初始性研究。应用研究是为了确定基础研究成果的可能用途，或确定实现特定和预定目标的新方法。试验发展是利用从科学研究、实际经验中获取的知识和研究过程中产生的其他知识，开发新的产品、工艺或改进现有产品、工艺而进行的系统性研究。R&D 具备的以下三个特征，无论学者还是各类组织都得到广泛认可。

①高风险。高风险性是企业研发活动内在的固有性质，原因在于研发活动是由一系列环节所组成，每一个环节上都带有不确定因素，再加上研发活动本身就具有实验性，从而使研发活动呈现出高风险。因此造成发达国家大约 90% 的研发创新还没进入市场就已经失败（张凌，2006）。另外，管理者和股东对待研发活动的风险具有不同的态度。股东相较于管理者而言，愿意开展研发活动，原因在于一旦研发成功企业将取得超额收益，这些收益基本全部归股东所有；即便研发失败，股东也不是唯一的失败承担者，债权人还有可能与股东共同承担失败所带来的损失。而企业的管理者的报酬与业绩挂钩，如果研发成功，管理者只能从超额收益中得到有限回报；而一旦研发失败，对于管理者来说声誉受到的损失是无法衡量的，议价能力会因前期投资失败受到影响。因此，管理者厌恶风险较高的 R&D 项目。

②收益滞后。R&D 活动是一个系统工程，需要在揭示本质、发现规律的基础上，获取新知识、探索新方法、发现新路径，在技术可行的前提下才能进入生产阶段，并且生产还需要包括试生产与量产，造成收益具有严重的滞后性。滞后的收益对股东和管理者来说意义完全不同，股东投资企业关注的是持续经营、长远收益；而管理者都是有任期的，滞后的收益可能会造成管理者任期内经营绩效考核不达标。因此，滞后的收益对股东来说可以接受，而管理者会缺乏激励进行 R&D 投入。

③不确定性。R&D 活动总是从零开始，没有历史数据可供参考。企业往往会面临研发何时进行、进展到何种程度、市场是否接纳等一系列的不确定问题。尤其是 R&D 活动不可逆，一旦企业研发失败，前期技术人员付出的努

力与许多无形资源很难通过转让的方式收回。然而李强和曾勇（2005）把市场需求不确定和技术不确定作为技术创新函数的变量，研究却发现市场的不确定程度越高，企业将会减少 R&D 投入，而技术的不确定与 R&D 投入则是正相关，即技术的不确定程度越高，企业反而会增加 R&D 投入。

| 第2章 |

理论基础与影响机理

2.1 理论基础

2.1.1 委托代理理论

完美市场是早期新古典范式下的投资理论的假设前提，依据这个假设，学者们认为企业的利益相关者没有矛盾冲突，具有共同一致的利益追求，因此企业不存在代理问题。可是这样完美的市场与企业环境在现实中不存在。

委托代理理论既是企业管理理论的重要环节，也是公司治理的理论基础。它是学者们在研究信息不对称、高管激励等问题的基础上，逐渐形成一个新的研究主题。委托代理理论认为组成企业的利益主体具有不同的利益关系，企业是由这些利益主体按照契约关系组成，企业是建立在社会经济结构中经济职能相互分离的基础上。不同的利益主体之所以利益存在差别，原因在于主体之间按照各自利益行事，彼此之间就会产生信息不对称；任何契约的制定都不可能使所有参与方均感到满意，从全部利益主体上讲契约是不完美的；并且不同的利益主体各自有自己的目标函数，这些目标函数之间既存在差异也不具有调和性。因此利益主体之间就会产生矛盾，即委托代理问题。委托代理问题会产生代理成本，代理成本的产生既和委托人有关，也和代理人有关。一方面，代理人有动机追求自身利益最大化，出于经济人假设，代理人会采取自利的行为，但这些行为必然会违背委托人的意愿，给企业带来损失，这些损失就会形成代理成本；另一方面，委托人也会预测到代理人会采取不利于自己的行为，委托人为了保护自身利益不受损失，必然会采取一些防范措施对代理人进行监督，这些防范措施形成的开支也是一种代理成本。企业为了应对委托代理问题就需要建立完善的制度保障，这套制度既能对代理人实施监督与约束，使其无法侵害委托人的利益，同样也能起到激励代理人的作用，使双方的目标函数趋于一致，可以按照委托人的意愿行事。委托代理理论随着经济环境的改变，自身也在发生变化，从最初的股东与管理者之间的代理问题，发展到股东与债权人之间的代理问题，再到目前的控股股东与中小股东之间的代理问题。委托代理理论的核心问题是如何设计模型，使代理人既可以受到监督约束，也可以被激励，以缓解不同利益主体，即委托人与代理人之间的利益冲突问题。

1. 股东与管理者之间的代理问题

传统的委托代理理论就是所说的第一类代理问题，该理论研究的是公司没有绝对的控股股东，股权处在分散状态下，当公司的所有权与经营权两权分离时，股东与管理者之间的矛盾与利益冲突。股东与管理者都是从各自利益出发，存在不同的目标函数。股东是资金的所有者，考虑的是投入资本如何在保值的基础上实现最大程度的增值，并且享受剩余收益的索取权。而管理者是资金的使用者，虽然不像股东那样享受剩余收益索取权，但可以从实质上控制企业，他们优先考虑的是声望、社会地位、构建企业"帝国"。由于股东们是按照持股比例分享企业收益，而某一个股东如果要对管理者实施监督与约束，成本则由自己承担。这样就造成股东缺乏动力对管理者进行监督与约束，结果就是企业的实质控制权旁落。当管理者没有了外部束缚以后，一方面管理者会按照詹森（Jensen，1986）提出的自由现金流假说，利用自身在企业中的信息优势，甚至可能把资金投放到净现值为负数的项目上，只要这个项目可以最大化管理者自身利益，丝毫不考虑这些项目是否会损害股东利益，是否可以最大化股东利益。采用这种方式管理者构建的企业"帝国"只会给管理者带来巨大的声望以及更多的机会选择，受损害的只是股东自己。另一方面，由于管理者任期有限，为了不损害自己的声誉，管理者偏好于短期选择，行为方式保守，不敢也不愿意进行风险较大的投资项目。

2. 股东与债权人之间的代理问题

股东与债权人之间的委托代理关系是建立在债权人把资金借给企业之后，他们之间的矛盾冲突焦点在于资金的用途上。债权人作为资金的所有者，目标是保证资金安全性的前提下，获得稳定的利息收入，倾向于选择风险较低的投资项目。股东希望以最低的资金成本获取最大的投资收益，偏好于不确定性程度较高的项目。

由于两者的目标函数不一致，代理冲突也难以避免。代理冲突体现在债权人让渡资金使用权给企业后，股东为了实现利益最大化，会要求企业不征得债权人同意，就擅自做主，把资金投放于比债权人期望风险更高的项目，放弃债务契约所拟定的具有较低风险的项目，这在一定程度上会损害债权人的利益。如果项目成功，大部分盈利归股东所有，因为债权人的报酬被固定在初始的低风险利率上。如果项目失败，债权人也将遭受损失。对债权人来说，这时的风险与报酬是不对等的。债权人为了保护自身利益，通常会采取两种措施加以防范。第一，双方会在债务协议中设定保护债权人利益的限定性条款，一旦债权人发现企业擅自改变资金用途，债权人有权提前收回借款；第二，债权人如果发现他们成为股东手中的工具，债权人会要求得到更高的利率来补偿可能产生的损失。

3. 控股股东和中小股东之间的代理问题

控股股东与中小股东之间的代理问题源于股权集中背景下，控股股东为了维护自身利益不受侵害，有动机对管理者实施监督，因此第一类代理问题得到缓解。但随之而来的就是第二类代理问题，即控股股东与中小股东之间的矛盾冲突。控股股东由于持股较高，能影响股东大会与董事会的决议，对企业拥有实质上的控制权，掌握着企业的经营决策方向。而中小股东虽然人数较多，但每一个个体持有的股票数量较少，没有能力干涉企业的经营决策，这样就会造成控股股东与中小股东之间的信息不对称。尽管中小股东也和控股股东一样拥有剩余收益索取权，但他们的权利很容易被控股股东以隐蔽的方式侵害。控股股东可以采取向上市公司高价出售劣质资产或低价购买上市公司的优质资产、非法占用上市公司巨额资金或以上市公司名义进行各种担保、利用不合理的股利政策掠夺中小股东的既得利益、发布虚假信息操纵股价欺骗中小投资者等"隧道策略"获取控制权私有收益。控股股东在攫取控制权私有收益的动机驱使下，控股股东行事的准则已经是自身利益最大化，而不是股东价值或企业价值最大化。

2.1.2　信息不对称理论

"柠檬问题"是阿克洛夫（Akerlof，1970）提出的，它是信息不对称理论的重要组成部分。信息不对称理论是市场中参与交易的不同经济主体面对同一事物，由于所处的交易层级存在差别，这些经济主体掌握的交易信息从数量到质量都会存在区别，既会有信息优势的一方也会有信息劣势的一方，这样信息优势的一方就会利用这一有利条件进行损害信息劣势一方的活动，而使自己从中获益。信息不对称存在两种形式：一种是发生在委托人和代理人签署契约之前的信息不对称，这种不对称会引发"逆向选择"问题。委托人和代理人相比，委托人处在信息劣势的一方，代理人会凭借信息的优势地位，通过让渡某些权利诱使委托人与之签署契约，但这些契约在执行以后只会有利于代理人而损害委托人的利益。另一种是发生在委托人和代理人签署契约之后的信息不对称，这种不对称会引发"道德风险"问题。代理人同样处于信息优势地位，在代理人获得委托人提供的资金使用权后，在委托人不知情的情况下，代理人不遵守契约的约定，擅自改变资金的用途，造成委托人的风险提升和利益受损。委托人会采取措施防范代理人的"逆向选择"和"道德风险"，就会造成投资不足与投资过度的低效率投资行为。

为了研究信息不对称影响公司的投资，梅耶斯和梅吉拉夫（Myers & Majluf, 1984）构建了一个投资决策模型，研究发现即便在资本市场这种相对公开的环境下通过发行股票筹集资金，原来的股东和新投资的股东之间照样会有"逆向选择"问题。企业原来的股东和新投资的股东相比，会更了解企业的财务状况和经营成果，以及投资项目的市场认可程度、预期收益等信息。新投资的股东由于尚未参与企业的经营管理活动，对企业的真实情况缺乏深度了解，他们只能从正式渠道获得有限的信息，或依据内部人传递的"二手信息"对投资项目进行评价。由于企业实质上被控股股东所控制，这些控股股东提供的"二手信息"不仅没有缓解新老股东之间的信息差异，反而会加剧原来股东和新投资股东之间的信息不对称程度。新投资股东利用这些缺乏信息含量的"二手信息"决策时，可能会低估或高估企业、项目的价值，很难做到反映真实价值。因此，在利益驱动下，控股股东有足够的动机为新投资股东提供低质量的信息，导致其不合理的投资决策，产生非效率的投资行为。

2.1.3　控制权理论

控制权理论最早由曼尼（Manne, 1965）提出，他指出控制权市场存在的意义在于保护股东利益，缓解股东与管理者之间的第一类代理问题。詹森和鲁拜克（Jensen & Ruback，1983）则把控股权市场定义为公司的不同利益主体为了获取公司的话语权，抢夺公司资产经营权进而控制公司的场所。它由资本市场、法律法规、生产要素市场、董事会等四个部分共同构成，实质上是一种内部控制机制（Jensen，1993）。

国内外目前尚未对控制权定义形成统一结论。伯利和米恩斯（Berle & Means，1932）认为控制权是一种影响力，可以直接决定公司董事会成员或者对董事会成员的选择有话语权。格罗斯曼和哈特（Grossman & Hart，1988）则定义了剩余控制权，他们认为由于契约在制定时由于考虑得不够充分，无法一一明确所有财产的控制权力，这些没有明确的控制权力被统一称为剩余控制权。殷召良（2001）认为控制人利用控制权可以对公司决策施加重大影响，进而利用这种权力可以决定公司的组织结构、制定并执行政策、评价公司绩效。

控制权是一种有效配置公司资源的一种制度安排，企业的不同利益主体通过契约的方式分配企业的各项权力，每一个利益主体该如何行事都是由契约决定的。控制权也并不是一成不变的，当某些条件成立时，控制权在不同利益主体之间是可以传递的。根据张维迎（1996）提出的风险承担者与风险制造者对应的原则，这一原则又可以表述为企业剩余索取权与剩余控制权的分享尽可能对应起来。如果股东承担了剩余风险，那么与剩余风险相匹配的剩余收益索取权和剩余控制权自然就归股东享受，而企业的其他利益主体只能在特定情况满足的条件下才能取得公司的控制权。因此，在股权分散时，中小股东都希望"搭便车"，而不愿意付出成本对管理者进行监督和制约，控制权自然就落到管理者手中。而在股权集中背景下，控股股东承担企业绝大部分风险，相应地就掌握了公司的控制权。

2.1.4 创新平衡理论

1. 探索式创新与开发式创新

伯纳和塔什曼（Benner & Tushman，2003）将创新划分为探索式创新与开发式创新两个类型，他们区分两者的依据在于和已有技术路径的接近程度以及和市场的接近程度。探索式创新更接近创新的本质，从事探索式创新遵循的理念往往和现有的知识相违背，需要不断获得新的知识。因此探索式创新可以设计新产品、拓展新市场、开发新的销售渠道，满足潜在客户的需求。开发式创新更像是一种"打补丁"活动，是在现有知识基础上，对目前技术的进一步拓展。因此开发式创新是提升已有设计、巩固目前市场、提高现有销售渠道的效率，满足现有客户的需求。

探索式创新和开发式创新之间存在着相互促进与相互竞争的关系。首先，探索式创新与开发式创新之间具有相互促进的关系。这是因为一方面探索式创新是对未知领域的探索，扩展了研究空间，也可以为开发式创新提供新的发展空间。并且探索式创新不断汲取新知识也可以帮助开发式创新更好的利用现有知识。另一方面开发式创新在不断巩固拓展现有知识领域、技术手段，也可以为探索式创新更好的探索未知世界提供坚实的保障。其次，探索式创新与开发式创新之间具有相互竞争的关系。这是因为任何社会、组织与个人拥有的资源都具有稀缺性，两种创新对稀缺资源的使用就会存在竞争关系。另外创新行为存在着路径依赖，探索式创新的成功会导致企业继续从事这种创新而排斥开发式创新，开发式创新的成功会导致企业排斥探索式创新。因此，企业需要处理好探索式创新和开发式创新之间的关系，才能在资源受约束的条件下充分促进创新。

2. 创新平衡

探索式创新与开发式创新对企业来说是缺一不可。探索式创新偏重于基础性研究，不会马上产生经济效益；开发式创新更贴近市场，更侧重于科技成果转化。如果企业只进行探索式创新而放弃开发式创新时，企业就会面临高额的研发成本需要补偿，同时科技成果无法尽快的转化成经济效益，无法获取回报，就会陷入"探索—失败—再探索—再失败"的怪圈中。如果企业只进行开发式创新而忽略探索式创新，虽然在短期内可以增加企业经济效益，但会丧失可持续发展的潜力，不利于企业的长远与未来。因此，企业需要以一种合理的方式进行探索式创新和开发式创新，充分发挥两种创新的优势。既要不断地进行探索式创新保证企业的未来和发展，又要不断地进行开发式创新保证企业持续盈利，即实现探索式创新和开发式创新的平衡。本书对创新平衡界定为：创新平衡是企业充分发挥探索式创新和开发式创新的优势，弥补不同创新方式的缺陷，合理地在两者之间分配有限资源，既要维持当前的优势同时不忘未来的竞争能力，从而实现短期效益和长期效益的均衡和最大化。

3. 创新平衡模式

（1）创新平衡模式的概念界定。

创新平衡模式就是以一种合适的方法妥善处理探索式创新和开发式创新两者之间的关系，试图在二者之间达成一种平衡关系。因为探索式创新和开发式创新之间存在着相互促进与相互竞争的关系，那么在双方发挥相互促进效应的同时，尽量减弱两者间的竞争关系以及由于竞争所带来的风险，使企业能够进行有效创新，保证企业无论当前还长远都能获得收益和具有很强的竞争力。

（2）创新平衡模式的分类。

实现创新平衡的模式可以分为两种：双元模式和间断模式。双元模式是指探索式创新和开发式创新同时发生，但分布在不同的组织单元，这种模式的实现是通过空间分离。间断模式是指在同一组织单元内交替从事探索式创新和开发式创新，这种模式的实现是通过时间分离。

①双元模式。采用双元模式的企业一般来说由很多不同的组织单元构成，这些组织单元在任务、组织安排上存在很大区别，分别从事不同类型的创新，划分为探索式组织单元和开发式组织单元。探索式组织单元进行探索式创新，开发式组织单元进行开发式创新。探索式组织单元一般规模较小，管理方式上自主灵活；开发式组织单元规模较大，强调过程管理与效率提升。这种平衡模式需要在组织发现并有效处理同时进行的两种创新而导致的矛盾，需要协调冲突、重新配置资源。

②间断模式。间断模式则突出探索式创新和开发式创新交替循环进行，一段时间内从事探索式创新，而后进行开发式创新。一般企业从事探索式创新的时间较短，进行开发式创新的时间较长。并且探索式创新与开发式创新之间的转换是渐进的，而不是快速的。间断模式下通过从一种创新转化成另一种创新来实现两者的平衡，避免了同时进行两种创新而导致的矛盾与冲突。但这种模式也会存在弊端，就是当企业从事某一种创新时，会强化对这种创新的路径依赖，在后续创新方式转换时会产生延迟。

2.2　控制权私有收益影响企业创新投入的机理分析

2.2.1　控制权私有收益的形成动机

控股股东的投资决策决定着企业控制性资源的多少，控制性资源同时又是控制权私有收益的来源，控制权私有收益和企业投资两者之间有着密切的关系。当企业的股权集中在少数控股股东手中时，控股股东既有动机也有条件采取隐蔽的手段"掏空"中小股东，对中小股东实施利益侵占。因此，企业过度投资或者投资不足的非效率投资行为，其原因就是控股股东攫取控制权私有收益（刘朝晖，2002；Wu & Wang，2005）。

1. 控制权

董事会是公司权力机构的核心，具有公司重大经营项目的决策和监督的权力，还通过控制董事会成员的构成进而使董事会成为控股股东利益的代言人，并通过董事会控制了企业的全部资源。因此，公司日常经营决策权实际上掌握在控股股东手中。控股股东做出的任何决策都会有利于控股股东自身利益最大化，而中小股东由于投票权比例较低，没有改变控股股东决策的途径，并且中小股东处于信息的劣势一方，也无法对控股股东实施有效的监督。因此，中小股东的控制权形同虚设，真正的控制权还是掌握在控股股东手中。在股权集中背景下，由于公司治理机制的不完善，控股股东拥有了公司的控制权，赋予控股股东合法操纵上市公司一切活动的权力，为控股股东侵占中小股东利益创造了空间。

2. 金字塔式的股权结构

第一类代理问题产生于股权分散情况下，表现为股东与管理者之间的冲突，根源在于所有权与经营权的分离。管理者为追求自身利益最大化而滥用企业的自由现金流量投资，甚至会投资于净现值为负值的项目（Jenson，1986；Stulz，1990）。而在集中股权结构下的委托代理冲突称之为第二类代理问题。此时，控股股东为了维护自身利益会对管理层实施监督，限制管理层的利己主义行为。但随着控制权与现金流权的分离，为了追求自身利益最大化，控股股东会与中小股东产生利益冲突，造成非效率化投资。

之所以会产生控制权与现金流权分离，原因就在于金字塔式的股权结构。在这一股权结构下，控股股东的持股层次越多，控制权与现金流权分离程度越高，位于金字塔塔尖的控股股东就越能以较少的持股比例控制处于金字塔底部的上市公司，控股股东获得的共享收益与私有收益就会远超过现金流权减少而带来的损失，控股股东就会从自身利益最大化角度出发选择投资项目，此时的投资往往是非效率的。另外，在这一股权结构下，控股股东控制的公司数量增加，控制链条越多，公司的组织结构越复杂，公司的信息不对称程度越高。此时，控股股东就会利用这一复杂的股权结构进行非效率投资，通过更加隐蔽的方式损害中小股东的利益（刘启亮等，2008；邓淑芳等，2007）。

因此，控股股东进行非效率投资的可能性取决于控制权与现金流权的分离程度高低。非效率投资给中小股东造成的损失越大，中小股东利益被侵害的程度就越高（Bebchuk，1999；许永斌和彭白颖，2007；罗党论和唐清泉，2008）。目前我国上市公司的控股股东为了进行非效率投资，攫取中小股东利益，基本上在设计上市公司股权结构时都会采用金字塔式的股权结构。

3. 信息不对称

如果控股股东与中小股东都具有完备的信息，则控股股东就无法利用信息不对称攫取控制权私有收益。然而契约往往是不完美的，控股股东便是利用了这种信息上的优势，从事有利于自身的经济活动，而这些经济活动的后果对中小股东则是不利的。对于控股股东来说，他们有权决定董事会的构成、高管的任免以及公司重大的经营决策，所有有关公司的信息对控股股东来讲都是完全透明的。相对而言，广大中小股东获取公司的信息渠道就是网络、报刊、公司的临时公告以及年报，这些信息的取得都具有滞后性，或者中小股东根本没有路径取得这些公开信息背后的内容。此时控股股东便会利用在企业中的主导地位，获取独享的内幕消息，以此侵占中小股东的利益。

2.2.2　模型构建

控股股东不仅需要实质上对公司形成控制权，还要有动机，才能形成利益侵占。格罗斯曼和哈特（Grossman & Hart，1980）认为需要满足两个条件：第一，控股股东的持股比例要达到对公司形成实质上的控制；第二，控股股东要有利益侵占的动机，即控制权与现金流权要产生分离，控制权要大于现金流权。当控制权和现金流权之间的分离程度越大，控股股东的侵占动机越强，侵占效应也越大。

假定控股股东侵占需要满足的两个条件已经具备。企业的投资总收益用 NI 表示，控股股东利益侵占的比例用 S 表示，控股股东的控制权用 θ 表示，现金流权用 α（$0 < \alpha \leqslant 1$）表示，控制权与现金流权的偏离程度用 D 表示，即控制权/现金流权，如果 D 大于 1，则表示控制权大于现金流权，是控股股东实施利益侵占的必要条件。但控股股东的利益侵占行为受投资者保护程度的影响，在一定程度上对投资者的保护可以制约控股股东的侵占行为（La Porta et al.，1998）。这就意味着对投资者的保护越到位，控股股东的利益侵占成本会越高，用 $K(K>0)$ 表示对投资者的保护程度。随控股股东的利益侵占行为加剧，控股股东利益侵占的比例 S 会逐渐提高，用 C 表示控股股东的利益侵占成本。借鉴 LLSV（2002）的做法，控股股东的利益侵占成本可以表示为 $C = \dfrac{KS^2}{2D}$。

基于控股股东追求的是最大化自身利益，借鉴 LLSV（2002）的做法，控股股东的价值函数 VS 可以表示为：[①]

$$VS = \alpha(1 - S) \times NI + S \times NI - \frac{KS^2}{2D} \times NI \qquad (2-1)$$

其中，$\alpha(1-S) \times NI$ 为控股股东控制权增值效应所产生的影响，而 $S \times NI - \dfrac{KS^2}{2D} \times NI$ 为控股股东侵占效应所产生的影响。

假定企业总资金中可用于投资的为 w，企业的投资方式有三种：固定资产投资、长期股权投资和 R&D 投资。用 l 表示 R&D 投资占总投资的比例，则固定资产投资和长期股权投资占总投资的比例为 $1 - l$，其中 $l \in [0,1]$。用高（H）和低（L）两个符号来描述 R&D 投资的收益情况，假定 R&D 投资产生高收益（H）的概率为 P，收益率为 R_H，则 R&D 投资产生低收益（L）

---

① 推导部分借鉴了：李益娟. 控制权配置对企业 R&D 投资行为的影响——基于我国上市公司的经验证据 [D]. 苏州：苏州大学，2016.

的概率为 $1 - P$，收益率为 R_L，固定资产投资和长期股权投资的收益率为 R。由于 R&D 投资的风险和收益均高于固定资产投资、长期股权投资，由投资收益的特性可知 $R_H > R > R_L$，投资的总收益为 $NI = [PR_H + (1 - P)R_L]lw + R(1 - l)w$。

由于控股股东的自利动机使得企业价值最大化不再是企业的经营目标。因此，企业资本配置取向和资本配置效率的决定因素就由企业价值最大化转为控股股东利益最大化。控股股东的现金流权不仅可以增加控股股东在企业中地位，增强其追逐控制权私有收益的能力，即侵占效应；还具有增值效应，可以使控股股东为了维护其收益不受损失，激励控股股东实现对企业更好的监管。控股股东的现金流权 α 和侵占比例 $S\left[S = \dfrac{D}{K}(1 - \alpha)\right]$ 共同决定了控股股东价值的大小为：

$$VS = \alpha(1 - S) \times NI + S \times NI - \frac{KS^2}{2D} \times NI \qquad (2 - 2)$$

将上面投资总收益 NI 的计算结果代入控股股东的价值函数 VS，VS 可以表述为：

$$VS = \alpha(1 - S)\{[PR_H + (1 - P)R_L]lw + R(1 - l)w\} + S\{[PR_H +$$
$$(1 - P)R_L]lw + R(1 - l)w\} - \frac{K}{2D}\frac{D^2}{K^2}(1 - \alpha)^2\{[PR_H + (1 - P)R_L]$$
$$lw + R(1 - l)w\}$$

$$VS = \left[\frac{D}{2K}\alpha^2 + \left(1 - \frac{D}{K}\right)\alpha + \frac{D}{2K}\right]\{[PR_H + (1 - P)R_L]lw + R(1 - l)w\}$$

$$(2 - 3)$$

由式（2 - 3）可知，控股股东的现金流权 α、控股股东的利益侵占成本 K、控制权与现金流权的偏离程度 D、投资收益高低的概率 P、R&D 投资收益率 R_H 与 R_L，总投资额 w、R&D 投资占总投资的比例 l 这些因素决定了控股股东价值。资金成本率用 b 表示，根据成本效益原则，只有当控股股东通过现金流权和侵占获得的收益大于按照持股比例 α 计算得出投资成本时，控股股东才有可能继续控制和管理企业。即：

$$\left[\frac{D}{2K}\alpha^2 + \left(1 - \frac{D}{K}\right)\alpha + \frac{D}{2K}\right]\{[PR_H + (1 - P)R_L]lw + R(1 - l)w\} \geq \alpha bw$$

因而，控股股东价值进一步表现为：

$$VS_\alpha = \left[\frac{D}{2K}\alpha^2 + \left(1 - \frac{D}{K}\right)\alpha + \frac{D}{2K}\right]\{[PR_H + (1 - P)R_L]lw + R(1 - l)w\} - \alpha bw$$

$$(2 - 4)$$

控股股东的控制权和现金流权的分离是导致控制权私有收益行为产生的前提条件，最能直观体现控股股东对控制权私有收益的追逐（豆中强等，2010）。控制权的侵占效应影响了控股股东对 R&D 投资比例的选择，对式（2-4）中的控制权与现金流权的偏离程度 D 求一阶偏导数，由两权分离度对控制权收益的影响，以及控制权收益最大化可知：

$$\left(\frac{1 - \alpha^2}{2k} - \frac{\alpha}{D}\right)\{[PR_H + (1 - P)R_L]l + R(1 - l)\} + \frac{\alpha}{D}b +$$

$$\left[\frac{D}{2K}(\alpha - 1)^2 + \alpha\right][PR_H + (1 - P)R_L - R]\frac{\partial l}{\partial D} = 0$$

整理可得，两权分离度 D 对企业 R&D 投资比例 l 的影响为：

$$\frac{\partial l}{\partial D} = \frac{\dfrac{\alpha}{D}\{[PR_H + (1 - P)R_L]l + R(1 - l) - b\}}{\left[\dfrac{D}{2K}(\alpha - 1)^2 + \alpha\right][PR_H + (1 - P)R_L - R]} \quad (2 - 5)$$

由式（2-5）可知，$\frac{\partial l}{\partial D}$ 同样在受控股股东现金流权比例 α、两权分离度 D 影响的同时，还受 $[PR_H + (1 - P)R_L]l + R(1 - l)$ 和 $PR_H + (1 - P)R_L - R$ 的影响。为了反映 R&D 投资比例 l 随两权分离度 D 的变动而变化的情况，同样设 $[PR_H + (1 - P)R_L]l + R(1 - l) = A$，且 $A > b$，则

$$\frac{\partial l}{\partial D} = \frac{\dfrac{\alpha}{D}(A - b) - \dfrac{1 - \alpha^2}{2K}A}{\left[\dfrac{D}{2K}(\alpha - 1)^2 + \alpha\right][PR_H + (1 - P)R_L - R]} \quad (2 - 6)$$

由式（2-6）可知，两权分离度对企业 R&D 投资比例的一阶导数除受 $PR_H + (1 - P)R_L - R$ 的影响外，还随两权分离度在不同区间变化的影响。

$$当 PR_H + (1 - P)R_L > R 时, \frac{\partial l}{\partial D} > 0, 当 D < \frac{2K\alpha(A - b)}{A(1 - \alpha^2)} 时$$

$$当 PR_H + (1 - P)R_L > R 时, \frac{\partial l}{\partial D} < 0, 当 D > \frac{2K\alpha(A - b)}{A(1 - \alpha^2)} 时$$

$$(2 - 7)$$

$$当 PR_H + (1 - P)R_L < R 时, \frac{\partial l}{\partial D} > 0, 当 D > \frac{2K\alpha(A - b)}{A(1 - \alpha^2)} 时$$

$$当 PR_H + (1 - P)R_L < R 时, \frac{\partial l}{\partial D} < 0, 当 D < \frac{2K\alpha(A - b)}{A(1 - \alpha^2)} 时$$

$$(2 - 8)$$

由式（2-7）和式（2-8）可知，当控制权与现金流权分离程度较低时，控股股东的增值效应相较于侵占效应会占据主导地位，控股股东利益会和企业利益趋于一致。此时，控股股东的投资决策是理性的。这就意味着当 R&D 投资的期望收益大于固定资产投资与长期股权投资收益时，控股股东会倾向于进行 R&D 投资；而当 R&D 投资的期望收益小于固定资产投资与长期股权投资收益时，控股股东会倾向于减少甚至放弃 R&D 投资。但研发行为具有极高的技术性，很难对其进行业绩考核，这就为控股股东的利益侵占提供了方便。当控制权与现金流权分离度较高，超过临界值 $\frac{2K\alpha(A - b)}{A(1 - \alpha^2)}$ 时，控股股东利益会和企业利益相背离，控股股东为谋求控制权私有收益，有较强的动机实施利益侵占，会造成企业资源配置决策失效，使企业被迫放弃一些净现值大于 0 的项目，造成投资不足。这就意味着即便 R&D 投资的期望收益大于固定资产投资与长期股权投资收益，R&D 投资比例也会降低。控股股东同样也会为私有收益而选择投资收益较低的项目，从而形成投资过度。如 R&D 投资期望收益小于固定资产投资与长期股权投资收益时，R&D 投资比例也会提高。

以上分析表明，控股股东对控制权私有收益的追逐造成企业最优资源配置和 R&D 投资决策被扭曲。而控制权与现金流权的分离会导致控股股东寻求控制权私有收益，并且控制权与现金流权的分离程度越高，会对 R&D 投资项目产生更大的负面影响。

第 3 章

文献综述

3.1　控制权结构的研究

公司治理领域理论研究的奠基之作是伯利和米恩斯（Berle & Means，1932）合著的《现代公司与私有产权》，在书中首次提出了所有权和现金流权分离问题。当时的资本市场上股权分散是主流，他们发现当所有权和现金流权分离时会产生股东与管理层之间的委托代理问题。后续学者研究公司治理问题时皆是基于伯利和米恩斯（Berle & Means，1932）的观点，以股权分散作为假设前提。

然而随着经济环境的变化，企业的股权结构也随之发生改变。弗兰克斯和迈克（Franks & Mayer，1997）使用英国、法国、德国、美国的公司数据进行研究，他们发现样本公司既存在股权集中的现象也存在股权分散的现象，按照控制人在企业中所处的位置，将所有权结构分为外部人结构与内部人结构两种。法国与德国的公司股权属于内部人结构，表现为股权结构高度集中，企业掌握在内部人手中，对中小股东的利益保护程度偏低，外部资本的公司治理程度较弱。而英国与美国的公司股权属于外部人结构，表现为公司的股权掌握在金融机构、个人投资者手中，股权较为分散，没有一股独大的股东。凭借外部的控制权市场和经理人市场约束企业高管的行为，使之不能过于自利，需要以股东利益最大化为目标开展经营管理活动。而后，拉波尔塔等（La Porta et al.，1997，1998，1999，2000，2002）发表的一系列文章研究股权集中问题，开辟了新的公司治理研究领域。拉波尔塔等（La Porta et al.，1999）以全世界 27 个发达经济体的大中型上市公司为研究对象，追溯样本公司的控制链条，并以持股比例 20% 为标准，判断样本公司是否存在控股股东。研究结果表明英国、美国、日本的上市公司股权结构呈现分散的特征，而其他经济体的上市公司均呈现股权高度集中的现象，存在控股股东。如果将控制链条末端的控股股东分类，可以分为家族、政府、金融机构、投资机构和其他五种类型。在市场化程度相对较低地区中，控制权通常掌握在家族企业手中，他们偏好于金字塔结构这种复杂的控制权结构设计。

在拉波尔塔等（La Porta et al.，1999）研究的基础上，很多学者也开始开展相关研究。研究内容大致分为两权分离水平的实际测度与控制权问题对企业经营决策的影响。克莱森等（Claessense et al.，2000）是最早使用投票权与现金流权的比值衡量分离度，即控制权私有收益的高低，对东南亚这些新兴市场国家上市公司的股权结构做了研究，发现60%以上的公司都存在控股股东；中小型家族控制的公司两权分离度水平最高，原因在于使用复杂控制权结构；控制权与企业价值存在负相关的关系，且控制权私有收益越大，控制权与企业价值的负向程度越高。法乔和朗（Faccio & Lang，2002）对欧洲发达国家，诸如英国、法国、意大利和西班牙的上市公司为样本，也研究其股权结构，结果表明不仅在东南亚国家存在家族式企业控股权，在欧洲发达国家也存在普遍的家族式终极控制权，并且与东南亚上市公司一样，也使用金字塔结构从而导致了较高的两权分离水平。伽杜姆等（Gadhoum et al.，2005）对控制权状况做了调查研究，发现86.72%的欧洲上市公司拥有控股股东，79.72%的亚洲上市公司拥有控股股东，59.74%的美国上市公司拥有控股股东；另外还发现控股股东通过掌控的控制链以关联交易的形式对中小股东展开利益侵占。克莱森等（Claessens et al.，2002）仍以东南亚地区的上市公司为样本研究控制权私有收益的作用，探讨控制权与现金流权的提升使控股股东与中小股东利益趋同产生激励作用，以及控制权与现金流权背离产生堑壕效应，研究结果表明样本企业是既有激励效应也同时存在堑壕效应。莱蒙和林斯（Lemmon & Lins，2003）以东南亚国家上市公司为研究样本，金融危机期间为时间范围，研究控制权对企业价值的影响，研究结果表明控股股东会侵占上市公司的利益，且金融危机加剧了这种掏空行为；在上市公司绩效没有明显差异的前提下，控制权与现金流权分离程度高的公司其股票收益率要低于一般公司。博泽克和劳林（Bozec & Laurin，2008）使用ROA、ROE、ROI衡量企业的绩效，对加拿大上市公司控制权与现金流权两权分离状况与企业绩效的关系进行实证研究，研究表明两权分离程度越高，越会加剧控股股东对于中小股东的剥夺。

国内学者基本都是沿用拉波尔塔等（La Porta et al., 1999）提出的追溯控制链的方式，使用我国上市公司的数据，进行本土化的研究。刘芍佳等（2003）以问卷调查的形式对我国上市公司控股股东的情况进行了分析，并对控股主体的属性和控制类型做了分类，研究发现中国上市公司的股权结构与公司绩效确实密切相关。叶勇等（2005）对上市公司的终极控股股东进行分类，分成政府、家族和一般法人三种类型，发现样本公司控股股东的现金流权平均为 39.33%，显著小于其获得的控制权 43.67%。三种终极控股股东相比，政府控制的公司控制权与现金流权分离程度最小，而家族控制的上市公司控制权与现金流权分离程度最大。说明家族企业用最少的现金流权，控制了最多的上市公司资源。王鹏和周黎安（2006）认为在现金流权既定的前提下，控股股东的控制权越大，控股股东越有动机对中小股东实施利益侵占；在控制权既定的前提下，控股股东的现金流权越大，其与公司的利益越趋于一致，对中小股东利益侵占的动机越弱。因为中国的上市公司缺乏有效的监管，控股股东的控制权为了私有收益会产生更强烈侵占动机。孙健（2008）则以终极控股股东在董事会中比例作为剩余控制权的变量，构建一个全新的现金流量权与控制权分离程度的替代变量，研究发现在中国终极控制权比控股股东更能反映控制的实质和掏空的本质；终极控制人以债务融资的方式获得更多的可控资源，便于取得控制权私有收益；尽管上市公司独立董事比例较低，但是独立董事的存在确实能抑制终极控制人的掏空行为。俞红海等（2010）从投资行为视角，研究控股股东侵占与公司治理问题。通过动态模型方法研究发现股权集中、控股股东的存在会导致公司过度投资，控股股东控制权与现金流权分离对过度投资有显著为正的影响。现金流权水平的提高、公司治理机制的改善则可以有效抑制过度投资。肖作平（2012）研究发现控股股东的现金流权提高可以减轻控股股东与中小股东之间的代理问题；控股股东的控制权提高，会增强其壕沟效应，对中小股东的掠夺效应增加；控制权与现金流权分离程度越大，掠夺中小股东的动机就越强烈；由于债务有限制控股股东转移公司资源的能力，国有企业作为控股股东，相较于民营企业，国有控股股东的上市公司其债务水平较低，控股股东向董事会派出的董事越多，上市公司的债务水平越低。

3.2　控制权私有收益计量的研究

如果控制权私有收益很容易度量，那么这些收益不是私有的（Dyck & Zingales，2004）。为了避免法律诉讼，控股股东的利益侵占行为都会采取隐蔽的手段，难以被发现。因此，研究控制权私有收益时很难对其进行直接测度，学者们研究时为了衡量私有收益的大小，往往采取间接的方式衡量其大小。可以把衡量方式归纳为五种类型。

3.2.1　大宗股权转让溢价法

巴克莱和霍尔德内斯（Barclay & Holderness，1989）认为如果企业进行了大宗股权转让交易就意味着控制权同时也进行了转让交易，他们以转让交易的价格与转让完成后第二天股票市场转让标的的收盘价格之间的溢价水平衡量控制权私有收益。如果控股股东认为转让可以获得正收益，则交易会呈现明显的溢价方式，控制权私有收益的净现值正好等于溢价部分；如果控股股东认为交易不适合，自己需要承担私有成本时，交易会呈现明显的折价方式；如果控股股东通过交易获得的收益正好与其持股份额相当，则控股股东的私有收益为0。因此，巴克莱和霍尔德内斯（Barclay & Holderness，1989）使用1978～1982年纽约证券交易所和美国证券交易所发生的大宗股权交易数据，研究发现有63笔交易价格明显高于消息公告后第二天股票市场的收盘价格，平均溢价水平约为20%，表明研究样本的控制权私有收益水平为20%。由于研究方法上的缺陷，使用同样的方法得出的结论会存在较大的差异。麦克尔森和雷加萨（Mikkelson & Regassa，1991）同样也使用的大宗股权转让溢价法，但研究对象不包括纽约证券交易所，只有美国证券交易所1978～1987年发生的37笔大宗股权交易，计算得出的平均溢价水平只有9.2%，远低于巴克莱和霍尔德内斯（Barclay & Holderness，1989）测算的结果。由于计算方法上的不可靠，学者们对这个方法进行了改造。尼克达诺和塞姆贝内利（Nicodano & Sembenelli，2004）使用大宗股权转让过程中，控制权发生转移的概率修正巴克莱和霍尔德内斯（Barclay & Holderness，1989）的方法，他们选择的基准价格是大宗股权转让后7～28天的平均交易价格，以意大利的上市公司为研究对象，研究发现意大利上市公司控股股东的控制权私有收益水平很高，平均溢价水平为 27%。戴克和津加莱斯（Dyck & Zingales，2004）考虑了市场竞争程度对控制权的影响，使用市场竞争程度的变量衡量控制权私有收益水平。他们对 9 个国家的 393 笔控制权转让交易进行研究，发现国家和国家之间的溢价水平差距明显，总体的平均溢价水平为 14%，但日本的私有收益水平很低，只有 −4%，而巴西则高达 65%。这说明资本市场的发达程度、中小股东的保护程度往往与控制权私有收益呈现负相关的关系。

国外学者研究控制权私有收益大多是以西方发达国家作为研究对象。国内学者度量控制权私有收益时考虑到中国国情的特殊性，对国外的计算方法按照中国资本市场的特殊性进行本土化改良。唐宗明和蒋位（2002）以 1999 ~ 2001 年沪深两市发生大宗股权转让事件的 88 家上市公司为研究对象，一共涉及的 90 项转让事件作为研究样本，使用上市公司大宗股权转让价格高于其每股净资产的部分作为转让股份溢价水平，测度的控制权私有收益为27.9%，远高于英美等西方发达国家，但比泰国、菲律宾等新兴市场国家要低，与印度尼西亚持平。叶康涛（2003）在巴克莱和霍尔德内斯（Barclay & Holderness，1989）与唐宗明和蒋位（2002）研究的基础上，用非流通股转让交易中，控股股份高于非控股股份的价格差异标准化处理后用于衡量控制权私有收益，结果显示我国上市公司的控制权私有收益约为流通股市价的4%，这一水平高于美国、加拿大、瑞典，与意大利接近。韩德宗和叶春华（2004）结合我国实际，改进了巴克莱和霍尔德内斯（Barclay & Holderness，1989）的方法，使用模型测度控制权私有收益，模型中大宗股权转让完成后第二天股票市场转让标的的收盘价格用每股净资产代替，测度的结果为14.1%，高于全部国家的平均值。邓建平和曾勇（2004）继续对巴克莱和霍尔德内斯（Barclay & Holderness，1989）、唐宗明和蒋位（2002）的方法进行修正，以 2001 ~ 2002 年发生在沪、深两市 A 股市场股权转让的上市公司为研究样本，并且只考虑非流通股转让，不考虑流通股转让，用控股股权转让溢价与非控股股权转让溢价的相比，高出的部分体现了控制权私有收益，发现我国企业的控制权私有收益大约为 17%，高于国际平均水平。赵昌文等（2004）认为只有第一大股东控制权转让比例大于或等于控制权比例阈值，才被认定为控制权发生了转移，他们使用戴克和津加莱斯（Dyck & Zingales，2004）的方法，对 94 个有效样本做了测算，计算得出中国上市公司的控制权私有收益约为 15.83%，高于发达国家，而与波兰、葡萄牙、泰国和韩国等新兴市场国家相似。唐宗明等（2005）基于我国股权非全流通的特点，选取 2002~2004 年发生的 171 项大宗股权转让作为样本观测数据，对溢价水平做了调整，测算的控制权私有收益为 25.08%，高于美、英、澳、法，但低于新加坡和马来西亚。林朝南等（2006）以 2001~2004 年沪深两市 A 股市场发生了非流通股交易的公司作为考察对象，使用过去三年平均净资产收益率反映未来增长的预期，对巴克莱和霍尔德内斯（Barclay & Holderness，1989）的模型做了修正。研究发现中国上市公司的控制权私有收益具有明显的行业差异，并独立于其他影响因素，并且随着行业跨度的加大，控制权私有收益的差异就越明显。马磊和徐向艺（2007）以 2003~2004 年发生过国有股转让的上市公司为样本，在唐宗明和蒋位（2002）测度模型的基础上，扣除股份增持方对目标企业增长率的合理预期，测度控制权私有收益的溢价率，计算的中国上市公司控制权私有收益率的均值为 7.49%，远高于发达国家。雷星晖和王寅（2011）使用邓建平和曾勇（2004）的度量方法，对我国 A 股市场的家族上市企业进行研究，发现家族上市企业的平均控制权私有收益达到 30.56%，远高于美国上市企业的控制权私有收益水平。

3.2.2　投票权溢价法

该方法由里斯等（Lease et al.，1983）首先提出，适用于发行双层股票的上市公司，度量控制权私有收益水平时，范围限制于具有相同现金流权但投票权存在差别的两家公司之间，将这两家公司股票之间的溢价差异用于衡量控制权私有收益水平。津加莱斯（Zingales，1995）认为投票权溢价水平不仅与投票权在控制权竞争中的重要地位有关，还与控股股东攫取的私有收益相关。里斯等（Lease et al.，1983）以 1940~1978 年发行双层股票的 26 家上市公司为样本，发现高投票权股票的溢价水平与低投票权股票的溢价水平的平均差额约为 5.44%。内诺娃（Nenova，2003）使用 18 个国家 661 家上市公司 1997 年的数据，发现不同国家上市公司之间的投票权股票的溢价水平存在很大的差异，其中墨西哥的投票权股票溢价为 50%，而丹麦的投票权股票溢价为 0。并且不同国家上市公司的投票权股票的溢价水平是可以进行比较的，因为他们之间的差异在统计上是显著的（Doidge，2004）。而我国的股票发行原则是同股同权、同股同利。我国《公司法》第一百二十六条规定："股份的发行，实行公开、公平、公正的原则，必须同股同权，同股同利。同次发行的股票，每股的发行条件和价格应当相同。任何单位或者个人所认购的股份，每股应当支付相同价额。"因此，该方法不适合测度我国上市公司的控制权私有收益。

3.2.3　配对样本法

阿努纳等（Hanouna et al.，2013）最早使用该方法，他们用控制性股份交易价格超过小额股份交易价格的部分作为控制权私有收益。阿努纳等（Hanouna et al.，2013）对西方七国 1986～2000 年的 9566 宗收购案例作为样本，对控制性股份交易和小额股份交易进行配对，配对时考虑了行业类别、交易时间、目标国家等因素，发现美国、日本、德国、法国、英国、意大利和加拿大上市公司的控制性股份交易价格比小额股份交易价格分别高出 26.37%、11.45%、19.47%、12.75%、21.05%、6.94% 和 13.84%。但这个方法的适用面很窄，只适用于同时发生控制性股份与小额股份交易的公司，难以进行大样本研究。因此，配对样本法并不是测度控制权私有收益的主流方法。

国内部分学者也采用了配对样本法测度我国上市公司控制权私有收益。施东晖（2003）选择沪深股票市场在 1997～2001 年发生的 702 宗股权转让，其中，控制权交易数为 243 宗，小额股权交易数为 459 宗，共涉及 301 家上市公司作为研究样本集，从中筛选出在一年内同时发生控制权交易和小额股权交易的 35 家上市公司作为配对样本，其中，控制权交易数为 35 宗，小额股权交易数为 42 宗。结果显示控制权交易溢价平均比小额股权交易溢价高出 22.6%，低于美国，但高于日本、德国、法国、英国、意大利和加拿大。叶康涛（2003）使用 2001 年发生的非流通股转让交易作为样本，使用控股股东的非流通股转让价格与流通股市价比值和非控股股东的非流通股转让价格与流通股市价比值之间的差额，作为公司控制权的隐性收益，发现我国上市公司控制权的隐性收益水平约为流通股市价的 4%，非流通股转让价格的

28%。邓建平和曾勇（2004）以 2001～2002 年发生在沪、深两市 A 股市场股权转让的上市公司为研究样本，样本中只有 9 家公司在同一年中既发生控股股权转让，又发生了非控股股权转让。控股股权转让样本的股权转让溢价平均为 30.3%，而非控股股权转让溢价平均为 8.97%，两者的差别为 21.3%。虽然理论上用这两组样本的股权转让溢价之差能估计控制权的私人利益。但由于样本太少，不能得出一般性的结论。张兆国等（2006）以沪深两市 1997～2004 年在同一年内都发生有非流通股中控股权转让和非控股权转让的 A 股上市公司为样本，用非流通股中控股权转让的每股平均交易价格和非控股权转让的每股平均交易价格配对，涉及 102 家上市公司，112 组观测值，224 笔交易。计算结果表明我国上市公司控股股东私有收益水平为 18.52%，与新兴市场国家大体相当，但明显高于西方发达国家。

3.2.4 ST 公司的专有方法

白等（Bai et al.，2004）研究中国公司时提出的，专门测算 ST 公司的控制权私有收益。他们发现当一个公司被宣布 ST 后，上市公司的控股股东为了维护公司的上市地位以及自身的控制权，为了改善公司的财务状况会做出种种努力。因此 ST 后两年内的累计超额收益率 CAR 值就可以很好地衡量控制权私有收益。白等（Bai et al.，2004）使用了 1998～2000 年 65 家被 ST 的上市公司为研究样本，测算了平均的控制权私有收益为 33.5%。但对于控股股东而言，获取收益的途径很多，上市资格只是其中的一个，所以这种方法很可能会高估控制权私有收益。刘睿智和王向阳（2003）从 1998～2000 年进入 ST 状态的 64 家公司随机抽取 20 家公司作为研究样本，用 ST 公告日后 1 个月到 24 个月 ST 公司的月收益率与市场的月收益率之差计算累计超额收益率，来研究控制权私有收益，测算出我国控制权私有收益为 57.63%。并且认为白等（Bai et al.，2004）估算控制权私有收益时，使用 ST 公告日前 3 个月到公告日后 18 个月，期间长度为 21 个月的平均累计超额收益率是不科学的。

3.2.5 其他

随着控制权与现金流量权分离程度的增加，控股股东掏空的动机越强。当控股股东能够控制公司时，可以采用关联交易的方式"掏空"公司。因此使用控股股东与上市公司之间的关联交易所产生的资金占用作为控股股东掏空的衡量指标（李增泉等，2004；高雷等，2006）。当上市公司进行关联担保时，贷款被控股股东占有，而债务的偿还由上市公司来完成。因此，控股股东可以利用上市公司为其担保来掏空上市公司，进而获得控制权私有收益。唐松等（2006）使用上市公司累计提供关联担保余额作为控制权私有收益的代理变量。张林新（2009）使用控股股东资金占用、关联方担保、经理人员在职消费三个指标，通过构建指数来测度每一家上市公司的控制权私有收益水平。胡旭阳（2004）认为如果存在控制权私人收益，应该能在非流通股权的转让定价中反映出来。他通过比较分析具有不同控制权的股权转让交易的价格差异来度量上市公司控制权私人收益。除此之外，俞红海等（2010）使用控制权与现金流权分离程度度量控制权私有收益，戴德明等（2015）采用大股东占用的其他应收款来衡量控制权私有收益。

3.3　控制权私有收益的影响因素

随着公司治理理论与公司财务理论的不断发展，国内外学者从理论和实证方面研究控制权私有收益的影响因素。

3.3.1　法律制度环境

学者们普遍认同法律保护环境对控制权私有收益具有正面作用。内诺娃（Nenova，2003）、戴克和津加莱斯（Dyck & Zingales，2004）的实证研究表明资本市场发达程度一般和利益侵占呈现负相关的关系，具体表现为资本市场越不发达，对中小股东的法律保护就越不重视，那么在公司股权集中的背景下，控股股东对广大中小股东的利益侵占行为就越严重。拉波尔塔四位学者（1997，1998，1999，2000a，2000b，2002）的系列研究结果表明控制权私有收益水平受法律保护程度的影响。法律对中小股东权益的保护程度越高，控股股东的私有收益就越低；反之，法律对中小股东权益的保护程度越低，控股股东就越有动机和可能对中小股东进行掠夺，控股股东的私有收益就越高。拉波尔塔等（La Porta et al.，2000）的研究表明普通法系的国家对股东和债权人的保护程度较高，因此控制权私有收益较低，均值为 0.028；大陆法系国家对股东和债权人的保护程度较弱，因此控制权收益明显高于普通法系国家，均值为 0.213；斯堪的纳维亚国家介于前两者之间。韩德宗和叶春华（2004）也指出不同法系下的控制权收益存在显著差别，世界上全部国家均值为 0.129，我国属于大陆法系国家，控制权私有收益为 0.141，高于世界平均水平，但呈下降趋势。为了有效地抑制控股股东对中小股东的利益剥夺，就需要对我国法律进行"预防性"和"预见性"修改。

3.3.2 行业与竞争程度

国内外学者认为控制权私有收益与所处的行业密不可分。德姆塞茨和莱恩（Demsetz & Lehn，1985）研究了美国控制权私有收益的行业差距。由于传统行业的长期资产占总资产的比重较大，长期资产无论是变现还是转移，控股股东都很难处理，因此传统行业的控制权私有收益水平不高。而新兴服务业属于轻资产行业，因此传媒业和娱乐行业的控制权私有收益普遍较高。戴克和津加莱斯（Dyck & Zingales，2004）采用跨国样本研究控制权私有收益，同样也发现控制权私有收益有行业特征，与制造业这种重资产行业相比，批发业、金融业以及公共服务业这些轻资产行业具有更高的控制权私有收益。而阿努纳等（Hanouna et al.，2013）研究了美国以外的国家控制权私有收益，也发现不同行业的控制权私有收益存在差异，但化工类行业的控制权私有收益水平是最高的。

除了轻资产行业与重资产行业的控制权私有收益存在差别以外，行业内部的竞争程度同样也会影响控制权私有收益。尼科尔（Nickell et al.，1997）使用了 580 家英国企业的数据研究行业竞争程度与劳动生产率之间的关系，研究发现如果一个行业的竞争程度越大，那么这个行业中的控股股东可以从公司获得的控制权私有收益就越小。戴克和津加莱斯（Dyck & Zingales，2004）发现行业竞争度与控制权私有收益呈负相关的关系，行业竞争程度每增加 1%，控制权私有收益将会减少 6%，并且行业竞争度对控制权私有收益的解释程度达到了 20.3%。行业竞争度之所以会减少控制权私有收益，戴克和津加莱斯（Dyck & Zingales，2004）认为竞争程度越激烈，企业都是价格的被动接受者，产品的定价就越透明。这时控股股东就无法通过制定转移价格的方式来掏空企业。另外，企业的竞争原本就很激烈，控股股东如果一味追求控制权私有收益就会恶化企业的生存局面，使得获取控制权私有收益的成本较高，这在一定程度上可以抑制控股股东的掏空行为。林朝南等（2006）选择 2001～2004 年沪、深两市 A 股企业对公司控制权私有收益的行业特征进行了实证研究。研究发现控制权私有收益具有行业特征，行业因素对控制权私有收益差异的影响程度达到 17.2%。不同行业存在控制权私有收益差异的原因可归咎于资产结构和行业竞争度。对于控股股东而言，重资产企业的控制权私有收益较难获得，因为资产的转移容易被其他股东发现；行业竞争越激烈，为了企业的持续经营，控股股东的侵占行为会有所收敛。从考察的 8 个行业看，信息技术行业的垄断程度最大，重资产的情况排名倒数第二，但它的控制权私有收益最高；房地产行业垄断程度较大，重资产的情况排名倒数第一，它的控制权私有收益也比较大。

3.3.3　企业规模

企业规模越大，控股股东可以使用和支配的资源越多，控股股东就越有可能实施利益侵占，并且通过利益侵占获得的私有收益也会越高。巴克莱和霍尔德内斯（Barclay & Holderness，1989）、尼克达诺和塞姆贝内利（Nicodano & Sembenelli，2004）的实证研究结果证明了这一点，他们都发现公司规模与控制权私有收益之间是正相关关系，大公司能给控股股东带来更多的货币与非货币收益。然而企业规模与控制权私有收益之间的关系学者们还有不同观点。一般来说规模越大的公司可挖掘的信息、占据的市场份额越多，受关注程度越高，就会引发机构投资者、证券分析师、政府部门等对其关注与实施更详细的监督。因此，相对于小规模公司而言，大公司的运作手段相对规范，信息不对称程度相对较低，控股股东实施利益侵占被发现的概率较高，利益侵占成本巨大。内诺娃（Nenova，2003）、邓建平和曾勇（2004）的实证检验结果就发现控制权私有收益随着企业规模的扩大而减少。多伊奇（Doidge，2004）用投票权的市值衡量公司规模，实证研究表明随着公司规模扩大，控制权私有收益反而在减少。唐宗明和蒋位（2002）使用销售收入的自然对数度量公司规模，实证研究表明上市公司规模和大宗股权转让溢价水平之间为负相关关系。韩德宗和叶春华（2004）选取了 1998～2001 年发生的 88 起控制权转移的上市公司作为样本，研究发现发生控制权转移的上市公司总资产和控制权收益呈显著负相关关系。周世成（2008）1997～2006年发生的196起控制权协议交易作为研究样本，研究发现控制权私利规模与公司规模呈显著负相关，即公司规模越大，控制权私利规模越小。

3.3.4　媒体报道

欧文（Owen，2002）认为媒体是现代经济生活中重要的信息中介机构，是信息使用者与信息提供者之间的桥梁，通过媒体报道可以解决两者之间的信息不对称。贝斯利和普拉特（Besley & Prat，2006）认为从事经济活动的每一个主体都是自私的经济人，都是利己主义至上，都希望自己付出最小的经济代价去换取最大的经济回报。企业的控股股东也是如此，为了追求自身利益最大化而不惜掏空公司。媒体作为社会制度的一部分，可以发挥舆论监督的作用，它是社会民主监督的重要组成部分。媒体之所以可以发挥如此重要的作用，原因在于发挥声誉机制。当公司的控股股东有侵害公司利益行为发生的时候，媒体的关注与报道会增加控股股东的利益侵害成本，迫使控股股东收敛其侵占行为。

企业受媒体的关注程度越高，企业的控股股东的不当行为就越容易通过媒体传播出去，这样会造成企业的不良形象，进而会给企业带来全方位的损失，控股股东的隧道效应成本会成倍增加。因此控股股东为了避免负面舆情的影响，在利益侵占行为之前会不断权衡利益得失，会采取更见稳健、谨慎的会计政策，还有可能为了避免利益侵占成本过高而放弃某些侵占行为的发生。因此，媒体发挥作用可以增强资本市场的信息透明度，抑制控股股东对公司的掏空行为。张横峰（2017）以我国2010～2015年A股上市公司为研究样本，以"媒体报道次数"的对数作为媒体报道程度的计量指标，检验了媒体报道对控制权私有收益的影响，研究发现媒体报道与控制权私有收益呈负相关关系，即媒体报道可以有效地缓解控股股东追求私有收益的行为。

3.3.5　财务杠杆

巴克莱和霍尔德内斯（Barclay & Holderness，1989）、斯图尔茨（Stulz，1999）、周世成（2008）研究发现控制权私有收益与企业的负债水平之间呈正相关关系，当企业负债越多，财务杠杆效应明显，可以放大公司可以控制的资产规模以及成倍放大公司的收益，致使控股股东可以侵占的范围和来源增加，私有收益也随之增长。但财务杠杆与控制权私有收益之间的关系，学者们也有不同的看法，但核心观点都是基于负债会减少公司的自由现金流量，随之会减少控股股东使用自由现金流量的可能，进而降低控制权私有收益的水平（Jensen，1986；Nicodano & Sembenelli，2004）。哈里斯和拉维夫（Harris & Raviv，1988）、克莱森等（Claessens et al.，2002）认为越是临近债务的偿还期限，企业支付本金与利息的压力会降低控股股东对私有收益追逐的可能性。巴纳吉等（Banerjee et al.，1997）认为债权人为了维护自身利益，会加强对公司的监督，进而约束控股股东滥用企业自由现金流量的行为。而唐宗明和蒋位（2002）研究发现资产负债率的高低与控制权私有收益之间没有统计上的显著关系，说明在我国债务的公司治理效应不明显，对控股股东没有约束力。

3.4　控制权私有收益与投资的研究

公司治理问题自从伯利和米恩斯（Berle & Means，1932）做了开创性研究之后，一直是在股权分散背景下研究所有者与经营者之间的委托代理问题，即研究第一类代理问题与投资之间的关系。然而拉波尔塔等（La Porta et al.，1999）的研究却打破了这一范式，证实了世界范围内大多数公司存在股权集中现象，即便是美国这种具有典型 Berle-Means 式分散股权结构的国家，也依然存在集中持股，也同别的国家一样有控股股东把持企业的经营活动。因此，公司治理研究的主题逐渐由股权分散下的第一类代理问题转向控股股东与中小股东之间的第二类代理问题。格罗斯曼和哈特（Grossman & Hart，1988）指出由于公司的所有权与现金流权分离，控股股东一方面与中小股东共享现金流收益，另一方面控股股东还能额外获得高于其持股比例的收益，这部分额外收益源自于对公司的控制，被控股股东独占，被称之为"控制权私有收益"。林朝南等（2007）发现被控股股东占有的控制性资产是控制权私有收益的来源，控股股东的投资决策会直接决定这部分资产的数量，那么在自身利益最大化的驱使下，为获得更多的控制性资源，控股股东会有强烈的动机扩大这部分资产的规模，采取的方式既有效率投资也有非效率投资。施莱费尔和维什尼（Shleifer & Vishny，1997）指出当公司的控制权全部落在控股股东手中时，控股股东会采取资本性投入的方式增加控制性资源的规模，把中小股东排除在外而享受控制权私有收益。

克莱森等（Claessens et al.，2000）研究了欧洲五个国家和亚洲九个国家和地区的上市公司数据，发现在股权集中背景下，控股股东如果想让控制权和现金流权产生分类，往往会采取金字塔式股权结构或者交叉持股的方式。公司实质上的控制权既掌握在了控股股东手中，控股股东又无须付出相应代价，只需付出小于控制权的现金流权，并且控制权与现金流权的差距越大，即分离程度越高，公司的非效率投资行为就越严重。阿加沃尔和桑威克（Aggarwal & Samwick，2003）研究了控制权、投资和企业绩效的关系，他们证明了由于存在控制权私有收益，会导致过度投资和投资不足这两种非效率投资行为，并且无论哪一种非效率投资都会对企业绩效产生不利的影响。我国的上市公司很多就是原来的国有企业，股权相对比较集中。控股股东为了可以获得资源的配置权，在设计股权结构时，就会基于自身利益采取所有权与现金流权分离的金字塔式的股权结构。窦炜等（2011）、李香梅等（2015）均认为这样的股权结构安排会引发控股股东的利益侵占，不仅会有过度投资还会有投资不足，造成投资存在不确定性，投资效率无法完全发挥，致使中小股东利益受到损失。刘朝晖（2002）基于不完全信息，建立控股股东与证券市场之间的多次动态博弈模型，研究上市公司的非效率投资行为。通过五粮液的两期并购案例说明控股股东通过自身与上市公司之间的关联交易进行外部套利的行为动机来自于实现自身利益最大化，而控股股东对外部收益的追求将导致上市公司进行非效率投资。王鹏和周黎安（2006）认为控制权与现金流权对企业绩效的影响存在差异，控制权有负的侵占效应，而现金流权则是正的激励效应。他们研究了中国上市公司的情况，发现中国上市公司控制权的侵占效应要高于现金流权的激励效应，并且随着控制权与现金流权的分离程度提高，公司绩效将下降，体现出递增的边际效应。安灵等（2008）按照企业所有权的性质，将企业分为中央直属国有企业、省级政府直属国有企业、县市级政府所属国有企业和私有产权控股企业四类，研究发现由控制权私有收益而引发的过度投资与投资不足等非效率投资现象因所有权性质的差异而存在较大的区别。

当企业不存在控制权私有收益时，控股股东的现金流权比例和最佳投资规模无关，控制权比例也和最佳投资规模无关，此时追求企业价值最大化是控股股东和中小股东的一致目标。

但控股股东存在控制权私有收益时，控股股东受到利益驱使，会增加投资决策的非理性，即便预期的投资项目风险较大或收益低于平均水平，此时企业的投资规模会大于不存在控制权私有收益时的最佳投资水平，导致产生投资过度现象（Wu & Wang，2005；邬国梅，2008；刘星和窦炜，2009；俞红海等，2010；李香梅和潘爱玲，2013）。何源等（2007）通过建模推导可知，当企业没有负债只有权益资本时，控股股东利益与公司整体利益可能会出现不一致，公司会出现过度投资的情况，公司整体价值和中小股东的利益会受到损害。王英英和潘爱玲（2008）通过建模推导可知，最优投资规模是投资者保护程度的减函数，是控制权私有收益的增函数，是现金流权的减函数。控股股东控制权、现金流权的分离程度与过度投资之间存在正相关的关系，即分离程度越高，过度投资行为越严重；同时，现金流权比例越低，过度投资行为也会越严重。控股股东对私有收益的追求不仅表现在过度投资的非效率投资行为，也会表现在投资不足的非效率投资行为。即使控股股东可以从一个有较高投资回报的项目上获得收益，但只要这个控制权共享收益低于一个较差项目上所能取得的控制权私有收益，控股股东也会毫不犹豫的放弃这个高回报的投资项目（刘星和窦炜，2009）。莫雷莱克（Morellec，2004）也发现如果股东和债权人在企业中处于信息劣势地位，如果他们预期会发生控股股东获取私有收益这一行为，为了保护自身利益，基于逆向选择，股东和债权人这些投资者会对企业使用资金而要求获得较高的资金成本，用于补偿可能会遇到的损失。对于企业而言，由于资金成本的提高，会造成企业产生融资约束，企业会因资金不足，而放弃部分投资项目，导致投资不足。

也有学者从资本配置的角度研究了控制权收益与投资的关系。阿尔梅达和沃尔芬森（Almeida & Wolfenzon，2006）研究发现当公司控制权与现金流权两权分离度较大时，控股股东有动机将可分配利润转换为固定资产投资，通过过度投资进行利益攫取。郝颖等（2009）研究结果表明控股股东的控制权收益与企业的资本投资规模、控制性资源有直接的联系，而且随着资本投资规模扩大，控股股东是唯一受益者，只是形成了控制权私有收益，中小股东可以获得的共享收益并没有改变。控股股东控制权一定的情况下，现金流权比例越低，控股股东可以取得的共享收益越低，而控股股东的私有水平就越高，控股股东就会有更强的动机把资本投入的增加用于固定资产、无形资产和股权并购，但会减少 R&D 投资（郝颖等，2012）。张硕和赵息（2016）以控制权转移后第一大股东变更为背景，检验控股股东为了获取私有收益而在进行资本性投资时的差异，研究发现股权投资规模增加会减少控股股东的控制权私有收益的攫取水平；固定资产与无形资产投资规模的增加会增加控股股东的控制权私有收益的攫取水平。吴冬梅和庄新田（2016）结合股权分置改革，从固定资产投资和股权并购两个维度研究限售股解禁前后的控制权私有收益，研究发现限售股解禁后控制权私有收益水平变得更高了。因为控股股东的私有收益主要来自于资本性投资，因此，资本投资规模与控制权私利水平显著正相关；控制权私有收益与股权投资规模正相关，限售股解禁后，控制权私有收益与股权投资规模相关关系加强；控制权私有收益与固定资产投资规模正相关，限售股解禁后，控制权私有收益与固定资产投资规模相关关系减弱。

3.5　股权集中度与创新投资的研究

在股权分散的情况下，每一个股东持股比例相对很小，股东从监督企业经营活动所取得的监督收益很有可能小于其监督企业所支付的监督成本，在没有大股东监督的条件下，中小股东没有监督的动力，此时对于广大的中小股东而言"搭便车"是最优选择。对于管理层而言，经营行为要满足其自身利益最大化，而研发活动存在风险大、周期长、投入多等特点，管理层对此可能没有足够的动力。因此，分散的股权结构对于研发活动中的代理问题也是无能为力（张西征，2013）。

随着股权集中度的增加，会提升控股股东对企业的影响力。股东的监管成本相对固定，控股股东由于持股比例较高，监督收益应该大于监督成本，控股股东为了维护其自身利益最大化，会更多地介入企业的经营管理活动中，缓解股权分散背景下的监管不力，以提高公司的绩效水平（Alchian & Demsetz，1972），发挥"利益协同效应"。为了企业具有核心竞争力以及长远发展，控股股东既需要投入大量资金支持，也需要对资金投入全过程实施监控（顾露露等，2015），控股股东是既有能力也有动力监督企业的创新行为，确保创新的有效投入和顺利产出。因此，股权集中度与技术创新正相关，集中的股权结构有利于技术创新（Baysinger et al.，1991；Shleifer & Vishny，1997；Hill & Snell，1988；杨勇等，2007；赵洪江等，2008；李婧和贺小刚，2012；董梅生，2016；李小娟，2016；秦兴俊和王柏杰，2018；李伟等，2018）。

随着控股股东持股比例的上升，其对上市企业的控制能力越强，在控股股东持股比例达到一定程度，有足够的控制力完全控制公司经营时，一方面高度集中的股权意味着研发创新活动的高风险基本需要控股股东独立承担，而无法转移或者有人共同分担风险（杨建君和盛锁，2007；Jackie et al.，2010），造成控股股东对风险大、周期长、投入多的研发创新活动采取拒绝的态度（Raquel et al.，2005）。另一方面，控股股东成为企业的实际控制人，出于自身利益最大化，控股股东凭借实际控制权获取专享的控制权私有收益，中小股东持股比例较低，无法参与分享控股股东私益，造成中小股东的利益受损，控股股东与中小股东之间的代理问题由此产生，即出现了控股股东的"壕沟效应"（Decleyn & Braet，2012；Deng et al.，2013），进而影响公司研发创新战略的开展。因此，股权越趋于集中对企业研发创新战略越不利，对企业研发创新活动越有抑制作用（Hart，1995；Yafeh & Yosha，2003；郭海和李垣，2006；毛良虎，2008；冯根福和温军，2008；汤业国，2013；程翠凤，2018；贾凯威等，2018；张玉娟和汤湘希，2018）。

另有学者认为股权集中度与创新之间关系不能确定（Czarnitzki & Kraft，2004；陈昆玉，2010），或者两者之间并不是简单的线性关系，存在着倒 U 形、U 形、N 形关系（李经路，2017）。当企业实际控制人的持股比例逐渐增加，达到适度集中时，均衡的股权结构可以有效抑制控制权收益，并且创新行为的巨大风险可以被多个股东共同分散，所以控股股东有动机进行研发投入。随着实际控制人的持股比例的增大，股权集中程度提高，控股股东的资金高度集中于研发创新，会加大控股股东的风险，出于自身利益最大化考虑，控股股东对研发的激励会逐渐被来自风险的反向激励所抵消，其结果是控股股东的研发投入热情降低。因此，研发投入与实际控制人持股比例之间存在先升后降的倒 U 形关系（冯根福和温军，2008；杨德伟，2011；杨建君等，

2015；王卓和宁向东，2017）。白艺昕等（2008）、刘胜强和刘星（2010）、罗正英等（2014）认为股权集中度存在某一临界值，在低于这一临界值时，随着股权集中度的增加，控股股东的"壕沟效应"会发挥作用，为了追求控制权私有收益，公司的投资行为会偏离企业价值最大化的目标，使得企业 R&D 投资的积极性减弱，对 R&D 投入造成不利影响；当高于这一临界值时，控股股东的利益与企业高度一致，如果继续实施侵害企业利益的行为，控股股东将承担非效率投资成本，在"利益协同效应"作用下，控股股东有动机通过正式渠道获得回报，有积极性实行技术创新，R&D 投资强度再度加大。因此，股权集中度与 R&D 投入呈先下降后上升的 U 形关系。张西征（2013）认为利益协同效应在控股股东持股比例小于40%的时候将发挥作用，控股股东持股比例在40%~75%的时候，"壕沟效应"将发挥作用，利益协同效应在控股股东持股比例大于75%的时候又将占据主导地位。因此，随股权集中度的增加，企业研发投资将依次表现为增加、减少、再增加的特征，因此，股权集中度与企业研发投资之间表现为 N 形关系。

3.6　双元创新平衡与企业绩效

创新根据差异可以分为探索式创新和开发式创新两种模式（Benner & Tushman，2003）。探索式创新是对新知识的探索和利用，可以增强企业未来的可持续发展能力；开发式创新是对现有知识结构的进一步修订，关注企业当前的盈利性（Lavie et al.，2010）。由于这两种创新的侧重点存在区别，所以企业需要平衡探索式创新和开发式创新，以期在当前和未来、短期和长期、生存和发展之间找到一个平衡点（Levinthal & March，1993）。古普塔（Gupta et al.，2006）总结出企业实现创新平衡的两种模式：双元模式（Ambidexterity）和间断模式（Punctuated Equilibrium）。双元模式是在企业内部的不同组织单元中分别独立开展探索式创新和开发式创新。探索式创新强调灵活性，因此执行探索式创新的组织单元通常比较小；开发式创新注重效率，执行开发式创新的组织单元比较大，因此组织单元之间的耦合度比较低（Jansen et al.，2012）。双元模式不像间断模式那样同时只进行一种创新，而是两种创新模式同时开展，力求发挥创新的协同效应，有利益企业的发展（Fang et al.，2010；Fernhaber & Patel，2012；He & Wong，2004）。

　　探索式创新和开发式创新之间存在协作与竞争的关系。首先，两者存在协作关系。探索式创新强调未来竞争力，创造新知识，这样开发式创新可以更好的利用现有知识，也可以为开发式创新提供新的以及更广阔的发展空间，创造更多的经济效益。在开发式创新的基础上进行探索式创新，在掌握现有知识的基础上开发新知识，可以为探索式创新打下坚实的知识储备，以及提供探索未知领域的可能（Cao et al.，2009）。其次，两者也存在竞争关系。一方面，企业的资源都是稀缺的，在资源有限的前提下同时开展探索式创新和开发式创新，必然存在此消彼长的可能。另外创新行为存在惯性，当探索式创新成功时，导致企业继续从事这种创新而排斥开发式创新；当开发式创新成功时，导致企业继续从事这种创新而排斥探索式创新（March，1991）。企业开发式创新与探索式创新可以同时存在（Benner & Tushman，2003），但两类创新会共同竞争组织的稀缺资源，且两类创新活动都具有自我强化的特性。如果把资源侧重于探索式创新，虽然会使企业的长远发展能力有所保障，但企业会承担巨额的研究支出；如果把资源侧重于开发式创新，虽然可以使企业在短期内绩效有所提升，但会损害企业未来的可持续发展能力。因此，探索式创新和开发式创新都是不可或缺的，应当互相补充，并在两者之间实现某种平衡（邹国庆和孙婧，2013）。若企业可以合理分配资源分别用于探索式创新和开发式创新，平衡两者之间的关系，则有利于企业当前与未来绩效的提升；如果无法在两者之间形成平衡关系，造成企业内部资源的争夺，就会给企业的绩效带来负面影响。因此，企业为了绩效的提升，需要在两种创新之间实现平衡（Raisch et al.，2009；李桦和彭思喜，2011；王朝晖，2014；张微燕等，2014；胡保亮，2015；刘志迎等，2017；金昕等，2018）。

　　企业可以同时进行探索式创新和开发式创新体现了企业运用资源的一种综合能力，相比其他企业这也是一种竞争优势，要强于只单纯地进行探索式创新或者开发式创新的企业（Colbert，2004）。企业的最佳组织绩效依赖于探索式创新和开发式创新的综合应用，只有当两者实现平衡才能体现这种综合优势（Su et al.，2011）。塔什曼和奥雷利三世（Tushman & O'Reilly Ⅲ，1996）研究表明，如果企业可以实现双元创新平衡，那么这样的企业既具有可持续的市场竞争力，又具有为市场开发新产品的能力。何和黄（He &

Wong，2004）认为，企业如果既从事探索式创新，又从事开发式创新，那么双元模式可以提高企业的销售增长率。扬森（Jansen et al.，2006）、旺古提拉等（Uotila et al.，2009）研究结果表明，企业如果可以实现探索式创新和开发式创新的平衡，对于企业的绩效会有显著促进作用。

王凤彬等（2012）对两个直辖市和 10 个省份发放问卷的方式进行研究，结果显示平衡式技术创新与市场绩效、财务绩效正相关。白景坤和王健（2016）以环渤海地区 183 家处于成熟期的高新技术企业为样本，实证研究了双元创新平衡与企业创新绩效之间的关系，研究结果表明在处于成熟期的高新技术企业中，双元学习的平衡效应与企业创新绩效呈显著正相关。高孟立（2017）基于有机平衡观视角，对我国长三角地区 185 家知识密集型服务企业进行问卷调查，研究发现探索式创新和开发式创新之间存在依赖性和互补性，如果可以实现两者的相对平衡就可以促进企业服务创新绩效的提升。胡超颖和金中坤（2017）采用定量文献综述的元分析方法，基于 72 篇实证研究文献的 223 个效应值，考察探索式创新、利用式创新与企业绩效的关系，研究结果表明：双元平衡对企业的短期财务绩效有正向促进作用，并且有利于企业长期竞争优势的建立。潘宏亮（2018）以天生国际化企业为数据样本，发现双元创新战略对天生国际化企业成长绩效具有积极影响。

第 4 章

控制权私有收益对企业创新
模式影响的实证设计

4.1　研究假设

4.1.1　控制权私有收益与企业创新投入

克莱森等（Claessenset al.，2002）认为控制权私有收益的本质是控股股东对中小股东利益的侵占。在控股股东控制权既定的前提下，控股股东的现金流权越小，控股股东就有越强烈的动机对中小股东的利益进行侵占（Yeh & Woidtke，2005）。俞红海（2010）证明了中国市场普遍存在金字塔结构，每个控股股东与上市公司之间平均间隔 2.42 层控制链，控制权与现金流权两权分离现象严重。除了金字塔结构以外，拉波尔塔等（La Porta et al.，1999）还发现控股股东还会使用交叉持股、双重股权等形式构造愈发复杂的控制链条，以实现杠杆效应，即使用较小的现金流权就可以获得很大的控制权，实现控制权与现金流权的分离。这就意味着控股股东可以以小博大，仅仅需要较少的投入就可以控制较多的资源，而他们也仅仅需要对投入的资源负责，这必然会导致控股股东会产生掠夺其余中小股东利益的动机。但仅仅有动机是不够的，控股股东还通过参与企业的经营管理活动，把掠夺中小股东利益的动机变成了可能。凭借控制权与现金流权的分离，控股股东付出的也只是很低的成本和冒很小的风险，就可以获得超额收益（Almeida et al.，2006），并且控股股东对中小股东的利益侵占方式大多数是合法且隐蔽的，并且方法多种多样（Johnson et al.，2000）。

控股股东控制权与现金流权分离程度的高低将决定企业第二类代理问题

严重与否。当控制权与现金流权分离程度较低时，可以认为控股股东的控制权与所有权，或者控制权与收益权相差无几，此时控股股东与企业利益或者中小股东利益保持一致，控股股东与中小股东之间的第二类代理问题并不严重，"利益协同效应"发挥主导作用，控股股东为了企业长远发展可能会选择进行研发创新。当控股股东的控制权远远大于其现金流权时，可以认为控股股东控制企业资源的比例远远大于其所能获得的共享收益，这势必会引发控股股东心态上的不平衡。控股股东会在项目选择、风险控制上做出不利于中小股东的决策（Bebchuk et al.，1999），使控股股东追求的是超过共享收益部分而独享的私有收益。即便投资项目收益少或者风险大，只要控股股东能从中获得私有收益，控股股东也会毫不犹豫选择实施该项目；或者投资项目回报丰厚，但控股股东从这个高收益项目中凭借持股比例获得的共享收益低于另一个较差项目所能获取的私有收益，控股股东也会选择放弃该项目。因此，控制权私有收益会导致非效率投资。虽然创新投入能够给公司带来长远利益，但结果往往难以预料或者不尽如人意，并且还需要公司投入巨额资金支持（Lall，1992）。此时，公司承受严重的第二类代理问题，控股股东为了最大化控制权私有收益，缺乏进行研发创新投入的意愿（冉茂盛等，2010；左晶晶等，2013；唐跃军和左晶晶，2014）。

基于以上分析，本章提出第一个假设：

H1：控制权私有收益与企业创新投入呈负相关。

4.1.2 控制权与现金流权偏离与创新模式

创新活动按照所承担风险的不同可分为探索式创新与开发式创新两种模式。探索式创新是为新兴市场进行的创新，是企业使用新知识、新技术为未来进行的一种技术储备（张建宇和蔡双立，2012）；开发式创新是为了满足现有市场进行的创新，是为了取得近期经济效益而做的研发项目（张峰和邱玮，2013）。对比而言，探索式创新在创新成果转化、实现创新投资收益方面通常需要花费更长的时间，不确定性较大，需要企业承担更高的投资风险；开发式创新的投资收益往往能在短时期内得以实现，且具有较强的可预测性，因此，这类创新需要企业承担的投资风险较低（McGrath，2001）。根据双元创新理论，企业要想紧跟市场步伐、应对市场挑战，需要兼顾这两方面的创新；由于企业资源具有稀缺性，当企业将资源投入到一种创新活动上时，相应地就会减少对另一种创新活动的投入，这种固有矛盾加剧了双元创新在资源争夺上的冲突（March，1991）。鉴于探索式创新与开发式创新在风险上存在差异，控制权私有收益对两种创新投入上的影响效果并不一致，在考察控制权私有收益对企业创新影响时，有必要细分企业的创新活动。

控制权是控股股东通过直接持股和间接持股两种方式所拥有的上市公司全部股份，表示对上市公司的实际控制程度；现金流权是控股股东向上市公司投入的资金占上市公司权益的百分比。根据投资额、要求的收益与面临的风险之间的关系，控股股东的现金流权会直接决定控股股东根据投资额所能得到的收益和承担的风险。当控股股东的现金流权远低于控制权时，由于探索式创新的不确定程度高，会提高控股股东与中小股东之间的信息不对称程度，降低控股股东的利益侵占成本。控股股东会利用控制权将资金投放于高风险、高回报的投资项目，获取超过按照现金流权能分享到的私有收益。因此，控股股东在探索式与开发式创新二者之间倾向于进行探索式创新。当控股股东的现金流权增加，控制权与现金流权的分离程度降低时，控股股东的利益将和企业趋于一致。根据现金流权的比重，企业的风险将由控股股东完全承担。如果企业投资于高风险的项目一旦失败，控股股东将承担最大的损失。此时，控股股东追求的是获得稳定的共享收益，在项目选择上会趋于保守以避免造成损失，而不是承担风险追逐私有收益。因此，控股股东在探索式与开发式创新二者之间倾向于选择开发式创新。

基于以上分析，本章提出第二个假设：

H2：控制权与现金流权偏离度与探索式创新呈正相关，而与开发式创新呈负相关。

4.1.3　控制权私有收益与双元创新平衡

企业为了取得经济效益和持续成功应该是既关注当前利益，也考虑未来发展，因此无论是探索式创新还是开发式创新都是不可或缺的（Levinthal & March，1993），并且吉普森和伯金肖（Gibson & Birkinshaw，2004）、李剑力（2009）、刘志迎等（2017）的研究成果也表明了探索式创新与开发式创新的平衡对企业绩效有正向促进作用。企业采取二元创新平衡模式，不仅能够及时地为企业提供新技术和产品，增强对动态环境的适应性，而且可以同时均衡长短期绩效并实现企业绩效最大化（Benner & Tushman，2003；Gupta et al.，2006）。然而，企业有限的资源会在探索式创新与开发式创新之间展开竞争，并且探索式创新与开发式创新存在自我加强的缺陷，这些都会导致两者的不平衡。这种双元创新的不平衡将对企业绩效不利（Wang & Li，2008；王凤彬等，2012）。何和黄（He & Wong，2004）、旺古提拉等（Uotila et al.，2009）以新加坡、马来西亚上市公司样本和标准普尔500公司样本的研究提供了二元创新平衡与企业绩效正相关的实证证据。因此，企业不仅应通过探索式创新获取新知识、开发新技术和开辟新市场，而且还需通过开发式创新整合现有知识、扩展现有产品的种类和功能，为现有市场中的顾客提供更好服务，强化二元创新平衡有助于企业实现绩效的提升（张亚新，2018）。

当控制权与现金流权偏离程度越大，控股股东的私有收益水平越高，控股股东对私有收益的追逐会造成企业的非效率投资。具体表现为一方面探索式创新过度，企业刻意追求创新，而不顾企业的实际情况如何，造成企业落入"创新陷阱"，出现"次优均衡"的状态（March，1991）；另一方面表现为开发式创新过度，企业为了追求当前利益，过于谨慎保守，不愿意承担高风险的项目，而只愿意对当前项目做简单的更新提升，造成企业落入"能力陷阱"，对企业的发展起到了阻碍作用（Levinthal & March，1993）。因此，无论是探索式创新过度还是开发式创新过度对企业均为不利，都会降低两种创新活动的平衡性。当控制权与现金流权偏离程度减低，控股股东的利益与企业利益会趋于一致，控股股东就会关注企业价值的提升，并且会减少对企业和中小股东的利益侵占行为，降低非效率投资的可能性（俞红海等，2010）。此时，控股股东会权衡当前收益与未来发展，协调探索式创新与开发式创新的关系，使二者平衡发展。

基于以上分析，本章提出第三个假设：

H3：控制权私有收益与企业双元创新平衡呈负相关。

4.1.4 董事会特征的调节作用

监督与决策是董事会的两个重要职能，公司治理研究的热点之一就是探索如何使董事会可以高效的代表股东发挥监督与决策的职能（Linck et al.，

2008），只有当董事会可以有效地发挥治理作用时，董事会对企业的绩效才会有提升作用（李维安和张耀伟，2004）。董事会及其相关制度安排是缓解企业代理问题的核心机制（Fama & Jensen，1983；蔡宁等，2015）。股东并不能直接从事企业的经营管理活动，但他们可以通过操控董事会影响企业的经营决策。因此，控制权私有收益与董事会构成之间有一定的关联性（杨淑娥和王映美，2008），通过董事会治理行为能有效降低代理成本，从而保护中小股东利益（Iwasaki，2013）。李文贵等（2017）研究发现央企董事会试点显著缓解了上市公司控股股东与其他股东之间出于获取私有收益而产生的第二类代理问题，并使上市公司表现出显著更高的经济增加值和股票回报率。而董事会解决企业代理问题主要取决于董事会规模、独立性、激励三个维度是否可以发挥作用（高雷和宋顺林，2007）。

董事会由若干董事组成，因此董事会根据其成员数量分为大规模董事会和小规模董事会。当董事会成员较多时，董事的构成比较复杂，存在各类专家，不同的董事会成员可以从多个维度监督与管理企业的经营活动，避免管理层侵害股东利益，或者控股股东侵害中小股东利益。法码和詹森（Fama & Jensen，1983）认为董事会的规模和构成会影响其治理机制的有效发挥，通常董事会人数较多时治理机制会更加明显。凡事都具有两面性，董事会成员的增多虽然可以从各个维度关注企业，但不可否认的是董事会成员数量增加必然会带来沟通路径延长与决策效率降低，从而使董事会的公司治理的积极作用大打折扣。詹森（Jensen，1993）发现董事会成员人数不宜超过 8 人，否则就会出现低效率与运转不畅。并且当企业面临较高的经营风险和较大的外部不确定性时，企业需要灵活且快速的处理问题，小规模和精炼的董事会成员是企业所需要的（Boone，2007）。而孙永祥和章融（2000）研究认为董事会人数过多，造成低效率与董事会成员遇事推诿搭便车，因此，董事会规模与企业收益之间是负相关关系，董事会成员数量越少，企业的总资产收益率或净资产收益率越高。

但董事会规模对研发创新的影响可以从两个方面体现。一方面，随着董事会规模的扩大，董事成员之间就会形成知识与经验的相互补充，减轻技术创新的风险，有助于提高创新决策质量，并且还可以利用董事成员外部的资源，这些都有利于企业研发战略的实施和技术创新活动的开展。另一方面，董事会规模越大，他们之间的同质性就越弱，异质性就越强。董事会要发挥在企业中的战略决策作用，成员构成的异质性越高越有利于决策者提高识别能力以及增加分析问题的多元化视角，更好地对项目进行取舍（Hambrick et al.，1996）。因此，董事会规模越大，企业研发投入越多（黄国良和董飞，2010；刘小元和李永壮，2012；袁德利等，2017）。然而，董事会规模的扩大不仅仅体现在人数上，而主要体现一种多元化色彩，即董事会成员的背景和经历彼此存在较大差异，否则董事会规模的扩大会增加董事间的协调难度，导致创新决策缓慢，效率低下（Yermack，1996；党印，2012），董事会规模与技术创新呈负相关关系（赵旭峰和温军，2011），即小规模的董事会能够做出快速且高效的反应，促进企业技术创新（Boyd，1994）。扎赫拉（Zahra et al.，2000）发现董事会规模与研发投入存在倒 U 形关系。当然董事会规模与研发投入之间还会有其他非线性关系的存在（刘胜强和刘星，2010）。

社会心理学的群体决策理论表明随着决策者人数的增多，参与决策的主体需要更多的时间和精力相互协调，达成一致意见，最终结果会较少出现极端情况，而更多的是相互妥协，大规模群体更容易导致中庸（温和）的决策（Kogan & Wallach，1964）。因此，董事会规模可能会对创新以及创新平衡产生调节作用。

基于以上分析，本章提出假设：

H4-1：董事会规模可以发挥控制权私有收益对创新投入、创新模式、双元创新平衡一定的调节作用。

独立性被认为是董事会发挥其监督效力最为重要的因素。控股股东通过股东大会选择可以代表他们利益的董事控制董事会，从而掌握企业实质上的经营决策权。如果董事会内部成员大部分来自控股股东，董事会的独立性就会受到质疑。董事会如果没有独立于控股股东，董事会就无法对控股股东进行监督，也就无法阻止控股股东对中小股东的利益侵占（杜育华，2010）。因此，董事会成员中必须要有独立董事的存在，与公司没有利益关系且具备监督能力的个人才有资格担任独立董事。独立董事的存在可以在一定程度上防止控股股东对董事会的操纵，对董事会决策的独立性和有效性有一定的作用。控股股东为了顺利实施代理行为，会阻止中小股东参与企业重大事项的经营决策，加强对董事会的掌控，而只有独立董事才会打破这一障碍，因此独立董事人数占董事会人数的比重与控股股东的代理行为呈反向变动关系（宋力和胡运权，2010）。吴晓晖和姜彦福（2006）认为独立董事由于来自企业外部，可以不受控股股东的制约，因此可以减少企业第二类代理问题所形成的低效率行为。刘佳刚（2006）研究认为如果独立董事对控股股东的经营决策过程实施了真正的监督，则独立董事人数越多，控制权私有收益水平就越低。叶康涛等（2007）也发现在独立董事比例较高的公司，控股股东的"掏空"行为会受到抑制。但遗憾的是，我国上市公司独立董事人选的确定往往无法摆脱控股股东的影响，独立董事很难对控股股东的侵占行为发挥真正的抑制作用（杜育华，2011）。并且独立董事制度作为公司治理机制的一个环节，需要和其他因素共同发挥治理效应，而不可能单独发挥其影响力（郑志刚和吕秀华，2009）。姜毅和刘淑莲（2011）的研究发现独立董事无法发挥抑制控制权私人收益的作用。

董事会独立性对研发创新的影响可以从两个方面体现。控股股东由于资产过于集中而不愿意承担具有风险的研发创新投入（叶志强和赵炎，2017），作为外部聘任的专家，独立董事一般为高级知识分子，富有远见和专业精神，拥有特定的知识背景和技能经验，给公司董事会提出专业的咨询建议，有助于弥补控股股东在专业技术上的不足并促进董事会发现良好的研发创新机遇（叶志强和赵炎，2017），可以使公司决策更加科学（秦兴俊和王柏杰，2018）。从资源依赖的角度看，独立董事可以帮助企业获取更多的外部资源，而获得的这些外部资源对于企业创新绩效的提高有很大的促进作用的（Jaffe & Palmer，1997；陈岩等，2018）。

而且独立董事与公司之间的关联性越弱，独立董事就越有动机对控股股东实施监督，独立董事就越发不会依附于控股股东。并且相较于内部董事，外部董事和独立董事承担技术创新风险的能力更强（袁德利等，2017）。因此，独立董事与企业技术创新存在正相关关系（Deutsch，2005；Osma，2008；冯根福和温军，2008；赵旭峰和温军，2011）。但也有学者认为独立董事不是万能的，独立董事侧重于对控股股东和管理层及其做出的经营决策实施监督，防止对中小股东的利益侵占，而独立董事对于经营决策本身的指导作用有限，对研发决策不起作用（刘小元和李永壮，2012），独立董事阻碍了企业的研发投入（Deng et al.，2013；鲁桐和党印，2014）。从上述分析可知，董事的独立性会对企业的研发创新产生影响，再加上证监会和国资委对独立董事履职和责任的界定与考核，因而独立董事在抑制代理问题上有一定的作用，从而降低企业风险（钱忠华，2009），独立董事能对公司的投资计划提出建议，可以在公司短期收益与长期收益之间达到平衡（叶志强和赵炎，2017）。

基于以上分析，本章提出假设：

H4-2：独立董事比例可以发挥控制权私有收益对创新投入、创新模式、双元创新平衡一定的调节作用。

激励解决的是董事会有没有动力参与公司治理，只有当企业与个人自身利益休戚与共时，才会真正激发起董事的工作热情。如果董事没有在企业领取报酬，并且也没有持有企业的股份，董事会对企业的经营可能会毫不关心，但会诱发他们通过其他非法手段占有企业的相应的资源（于东智，2003）。出现这种情况的原因在于，企业经营成果与董事没有关联性，董事相应地就没有动力去监督企业的经营活动，所以董事的监督作用就失效了（高雷和宋顺林，2007）。所以对代表股东利益的董事来说，为了调动他们的工作热情和积极性，就必须使他们的个人利益与企业利益、股东利益保持一致（Hillman et al.，2009），可以更好地对股东负责（Desai，2016）。董事持股比例越高，与股东的利益越一致，越有利于降低其与股东的利益冲突（Shukeri et al.，2012），从而减少了冲突成本。持有大量公司股份的股东做决策时同时也会承担这个决策带来的经济后果，因此，董事持股比例越大，相较于不持股或董事少量持股时，董事做出的决策才更符合企业与股东的利益（张振新等，2011）。因此，随着董事会成员持股数量与比例的增加，其监督公司管理运营的动力也随之增强，有动力抵制控股股东的代理行为，因而有利于降低代理成本（韩忠雪和周婷婷，2009；宋力和胡运权，2010）。

技术创新本身就有很高的风险与不确定性，不同的利益主体承担风险的态度与能力相差较大，所以利益主体对技术创新会有不同的看法。董事会是由股东大会选举产生，应该代表股东的利益对企业的经营管理活动实施监督与控制。但董事无法代表每一个股东的具体利益诉求，且董事与股东对待风险的态度也会存在差异。既有敢于冒风险的股东，必然也会有风险规避倾向的股东。对于这部分风险规避型的股东而言，如果没有适当的激励措施，使他们可以从承担较高风险的活动中分享收益，他们只会选择风险较低的项目

（赵旭峰和温军，2011）。但如果董事本身就不愿意参与企业的技术创新活动，那么代理问题就必然会在技术创新活动中反映出来。詹森和梅克林（Jensen & Meckling，1976）指出当管理层只有固定的薪金报酬，没有获得参与剩余收益分配的权利时，就会缺乏努力工作的必要激励，这是导致代理问题产生的原因之一。因此，让管理层持有企业股票，使其在薪金收入以外参与企业收益分配，会对管理层产生激励作用，发挥"利益协同效应"。因而，为提高企业技术创新的积极性，可以将剩余收益索取权作为激励的方式分配给董事。薛祖云和黄彤（2004）发现董事的持股比例越高，企业的会计信息质量就越可靠，这就说明董事持股便会有动力对企业进行监督。赵旭峰和温军（2011）认为董事会股权激励促进了企业的技术创新，董事会股权激励的水平越高，则企业技术创新投入就越多。刘小元和李永壮（2012）认为通过董事持股这一方式，促使董事更关注企业未来发展，避免决策中的"短视"行为，对有助于企业长远发展的技术创新行为持积极态度。当董事持股时，董事会的利益将与股东更为紧密地联系在一起，减少短视行为，更加关注长期投资决策，提升企业探索式创新投资水平；而开发式创新有助于企业中短期绩效的提升，企业可以自觉开展开发式创新投资，不依赖于董事会持股。因此，董事会持股可以调节控制权私有收益与创新模式的关系，进而也会对双元创新平衡产生影响。

基于以上分析，本章提出假设：

H4 - 3：董事会持股可以发挥控制权私有收益对创新投入、创新模式、双元创新平衡一定的调节作用。

4.1.5　股权制衡的调节作用

当公司存在多个大股东，且彼此之间股权比例相差不多，没有任何一个大股东可以形成对公司的实质性控制，股东之间会产生一种相互牵制和相互监督的关系，这时股权处于一种制衡状态，从而抑制控股股东对公司利益的侵害。根据委托代理理论，有效的内部治理机制能够优化公司治理结构。股权制衡作为基于股权结构的内部治理机制，在公司治理，尤其是中小股东保护方面发挥了重要作用。控股股东一股独大时，控股股东追逐控制权私有收益时会侵害中小股东的利益。但企业如果还存在有可以与控股股东相抗衡的其他股东时，控股股东的利益侵占行为可能就会有所收敛。那些持股比例较高的其余股东具有与控股股东议价的能力，甚至还有与控股股东争夺企业控制权的能力，控股股东为了不丧失控制权就有可能与其他股东采取合作的方式，从而对控股股东形成制衡机制。尤其是在对中小投资者保护机制不完善的情况下，不允许任何一个大股东单独实质上控制企业，而是由几个大股东共同分享企业的控制权，这样就可以最大限度的降低控股股东的控制权私有收益（Bennedsen & Wolfenzon，2000）。布洛克和海格（Bloch & Hege，2001）的模型表明了企业如果有多个实力相当、可以相互抗衡的股东，股东之间既有竞争也有合作，股东之间的合作有可能会导致相互勾结共同侵占企业利益，但他们之间的竞争却可以有效抑制控股股东对企业的利益侵占行为。莫里和帕尤斯特（Maury & Pajuste，2005）的实证研究结果证明了大股东数量越多的企业，其公司价值越高。对于控股股东的控制权私有收益攫取行为，陈信元和汪辉（2004）认为公司具有一个较有影响力的第二大股东，可能会使这种代理成本有所减轻；唐清泉等（2005）认为随着第二至第五大股东持股比例之和增加，他们对第一大股东的股权制衡作用变得愈发明显；汪茜等（2017）研究认为第二大股东是抗衡第一大股东的重要主体。

与控股股东不同，由于目标函数的差异，其他大股东可能并不热衷于卷入"隧道效应"带来的私人收益，而是扮演监督和制衡的角色（Shleifer & Vishny，1986；Bennedsen & Wolfenzon，2000；唐跃军等，2006），股东间的相互监督可抑制某个大股东将公司利益转为私人利益（Nagar et al.，2000），使得控制权私利内部化（万寿义和田园，2017）。股权制衡能够抑制控股股东的私有收益，提升企业投资决策效果，这得到了国内外诸多学者的经验支持。帕格诺和勒尔（Pagano & Roell，1998）、徐向艺和张立达（2008）、周瑜胜和宋光辉（2013）发现公司中控股大股东超额控制权的负面效应受到公司中其他大股东的制衡，控股股东与其余大股东之间的监督与牵制作用可以减轻控股股东对中小股东的利益侵占，对企业绩效的提升有促进作用。戈麦斯和利夫丹（Gomes & Livdan，2004）、吴思和陈震（2018）认为股权制衡作为一种内部治理机制，多个大股东通过分享控制权，使拥有控制权的决策者数量增加，单个大股东难以私下采取行动实现对控制权私有收益的追求，能够对企业经营产生正面影响，这样控股股东主导的非效率投资行为得到抑制，降低第二类代理问题产生的代理成本，推动上市公司进行研发创新的积极性（左晶晶等，2013；赵国宇和禹薇，2018）。并且，股东之间的相互制约可以促进企业决策时以公司价值最大化为目标，减少控股股东的私有收益，从而增加公司的抗风险能力（王振山和石大林，2014），股权制衡作为协调大股东及中小股东之间收益与风险的有效途径，其符合集体决策的特征，能够降低研发活动的潜在风险，促使企业研发决策的科学性（张其秀等，2012），能够帮助企业研发活动的合理展开，降低创新研发活动的不确定性（张栓兴等，2017）。因此，股权制衡对控制权私有收益与创新投入、创新模式的关系有调节作用，进而也会对双元创新平衡产生影响。

基于以上分析，本章提出第五个假设：

H5：股权制衡可以发挥控制权私有收益对创新投入、创新模式、双元创新平衡一定的调节作用。

4.1.6　机构投资者的调节作用

因为中国的上市公司股权集中度较高，导致控股股东与中小股东之间的第二类代理问题严重，而公司治理却没有发挥应有的治理功能（Chen et al，2011；姜付秀等，2015）。吴晓晖和姜彦福（2006）认为机构投资者是外部治理机制的核心，解决第二类代理问题需要他们的参与。随着我国资本市场的发展，机构投资者已渐居主导地位，促进了公司治理水平和资本市场有效性的提升（谢德仁和黄亮华，2013）。

机构投资者介入是一种有效的公司治理机制（Brent，2002），通过影响公司内部治理机制发挥作用（韩云，2017），机构投资者的作用可以与公司治理机制相互促进（McCahery et al.，2016）。科恩和拉詹（Cohn & Rajan，2013）研究发现机构投资者与董事会在公司治理问题上存在此消彼长的关系。当机构投资者积极发挥公司治理效应时，董事会的公司治理作用就会减弱；当机构投资者参与公司治理程度较低时，董事会将对机构投资者产生替代作用。由于机构投资者持股比例较大，当控股股东追逐控制权私有收益时机构投资者会比中小股东受到更大的伤害。因此，机构投资者为了维护自身利益，会有强烈的动机去监督控股股东（熊艳和李常青，2011）。

并且，机构投资者与中小股东相比掌握更强的专业知识和更多的信息来源渠道，因此决策能力要超过中小股东。当机构投资者持股比例达到一定程度，其切身利益取决于公司业绩时，他们就有监督公司经营的能力与可能（Grossman & Hart，1980；Shleifer & Vishny，1986；宋渊洋和唐跃军，2009；唐松莲和袁春生，2010）。尤其是长期持股的机构投资者，一方面，他们既有能力也有动力深入了解企业的公司治理情况，通过监督达到长期资本的增值；另一方面，由于持股时间长，监督成本可以在较长的时间内分摊。因此，当长期机构投资者认为控股股东存在"掏空"公司的行为时，他们会产生监督管理层与控股股东的动机，以缓解控股股东与中小股东的利益冲突（杨海燕，2013）。因此，机构投资者的介入对抑制公司控股股东与中小股东之间的代理冲突，减弱控股股东获取控制权私有收益有积极作用（Boyd & Smith，1996；Belcredi & Enriques，2014；熊艳和李常青，2011；杨海燕等，2012；叶松勤和徐经长，2013；杨宝和袁天荣，2014；彭丁，2015；窦欢和陆正飞，2017）。

机构投资者与中小股东相比剩余收益索取权更大，为了降低投资风险并增加收益，机构投资者是更有动力和积极性去监督企业的运营（梁帆，2015）。同时，机构投资者的资金实力雄厚、人力资源丰富、信息来源通畅，所以他们可以获得企业的很多内幕消息，解决研发活动的信息不对称问题（Chemmanur et al.，2014），进而能够促使企业加大研发投入水平，以提升企业的长期价值。阿吉翁（Aghion et al.，2013）、徐向艺和汤业国（2013）、段海艳（2017）、洪敏等（2018）研究发现机构投资者持股与企业技术创新呈正相关关系，即机构投资者持股比例越高，企业的技术创新投入就越多。因此，机构投资者可以发挥控制权私有收益与创新投入的调节作用。

但机构投资者具有异质性，在投资目标、投资偏好等方面存在诸多差异，在公司治理中发挥的作用也是有所不同。因此，机构投资者对技术创新的影响存在差别（Brickley et al.，1988；Bushee，1998）。本书借鉴布里克利等（Brickley et al.，1988）、费雷拉和马托斯（Ferreira & Matos，2008）、陈等（Chen et al.，2007）、科内特（Cornett et al.，2007）、杨海燕等（2012）、张济建等（2017）的研究成果，按照机构投资者与被投资公司之间的关系，将我国机构投资者分为独立机构和非独立机构投资者两类。如果机构投资者与上市公司有商业关系，那么可称之为非独立机构投资者，他们在监督企业经营活动时，为了自身利益和维护商业关系可能对企业的管理层一些不规范行为持保留态度；在参与企业投资决策时，也会权衡投资收益与自身商业利益之间的关系，为了商业利益最大化，有可能以牺牲企业长期发展为代价。因此，非独立机构投资者的公司治理作用不能完全发挥，并且无法对企业未来竞争力起关键作用的技术创新产生积极作用。反之，如果机构投资者与上市公司没有商业关系，那么可称之为独立机构投资者，这类独立型机构会依据自身利益积极监督管理层的决策，做出独立判断，更愿意长期持股，注重企业的长期发展，对提升上市公司的研发力度有积极影响。机构投资者异质性与企业研发创新之间的关系，因学者们对机构投资者的分类不同而研究结果存在差异。赵洪江和夏晖（2009）发现如开放式基金和封闭式基金，这种压力抵抗型机构投资者可以促进企业的创新投入。王宇峰等（2012）研究发现证券投资基金、社保基金与保险基金促进机构投资者发挥公司治理的作用，其持股比例与研发投入正相关；证券公司、QFII 持股与研发投入之间的关系没有通过显著性检验。李映照和吴济慧（2013）发现机构投资者整体持股与研发投入之间没有关系，但细分之后却发现基金和 QFII 与企业研发投入正相关，证券公司和社保基金等与企业研发投入负相关。蒋艳辉等（2014）将证券投资基金划分为长期和短期，研究发现长期投资者持股与企业研发投入显著正相关，而短期投资者持股与企业研发投入显著负相关。张济建等（2017）发现独立型机构对被投资公司内部治理影响更大，对企业的研发投入有正向促进作用，而非独立型机构则对研发投入不存在影响。

　　探索式创新是企业不断自我革新和实现长远发展的重要途径，独立型机构投资者关注的是长期投资回报，在参与监督和治理过程中将会充分发挥其规模、资金、信息和人力优势，从而独立型机构投资者可以发挥控制权私有收益对探索式创新的调节作用。开发式创新并不是实现技术的根本性变革，并不是企业长远发展的最佳选择。所以开发式创新对独立型机构投资者的吸引力不大，基于成本—效益原则，独立型机构投资者没有充足的动力去参与监督和治理以促进开发式创新，从而独立型机构投资者发挥控制权私有收益对开发式创新的调节作用有限。由于独立型机构投资者对控制权私有收益与创新投入、创新模式的关系有调节作用，进而也会对双元创新平衡产生影响。

　　基于以上分析，本章提出第六个假设：

　　H6：独立型机构投资者持股可以发挥控制权私有收益对创新投入、创新模式、双元创新平衡一定的调节作用。

4.1.7　公司治理的调节作用

公司治理是通过系列制度安排而形成的一种制衡机制，这种制衡机制是用于协调不同利益主体之间合理分配企业的控制权和收益权。在股权集中结构背景下，控股股东掌握的公司剩余控制权，通过利用并行使这种权利实现自身利益最大化，即控股股东利用控制权实现对中小股东的利益侵占。公司治理的意义就在于保护中小股东这种外部投资者的利益不受控股股东侵害，通过内部制度与外部制度相结合的方式，限制公司的剩余控制权被控股股东滥用，以保护各利益相关者的权益。在股权集中、投资者法律保护不足的市场上，公司治理机制会对控股股东的行为产生重要影响（李增泉等，2004），公司治理的主要方向逐渐转为控股股东与中小投资者之间的第二类代理问题（Shleifer & Vishny，1997）。古格勒（Gugler，2003）发现较好的公司治理机制可以抑制控股股东的利益侵占行为，调节公司的实际控制人与外部中小股东之间的利益冲突，实现提高投资收益的目的。控制权私有收益是产生非效率投资行为的重要动因（Claessens et al，2000；Dyck & Zingales，2004；潘敏和金岩，2003；王鹏和秦宛顺，2006；刘星和窦炜，2009），而通过公司治理机制能有效提高公司的投资效率（俞红海等，2010）。公司治理作为一个有机的整体，对代理成本的综合影响并不是公司治理的个别特征所能替代的（蔡吉甫和谢盛纹，2007），因此公司治理会有效地降低控股股东对控制权私有收益的追逐，进而会对企业的创新投入、创新模式以及创新平衡产生影响。

基于以上分析，本章提出第七个假设：

H7：公司治理可以发挥控制权私有收益对创新投入、创新模式、双元创新平衡一定的调节作用。

4.2　数据来源与研究样本的选取

4.2.1　数据来源

本研究所采用的财务数据主要来源于 RESSET 数据库，公司治理数据主要来源于 CCER 数据库，所需研发数据主要来源于作者手工翻阅巨潮资讯网站提供的年报信息。

4.2.2　样本选取

自主创新主体中最活跃的是高新技术企业，因此本研究以 2008～2016 年深圳证券交易所中小企业板中的高新技术企业为初始研究样本，并对数据进行了如下处理：（1）剔除了数据缺失和异常的公司；（2）剔除被 ST、PT 的公司；（3）剔除未披露研发支出、以及未详细披露研究支出和开发支出的公司。根据以上原则进行剔除后，本研究共有 1164 个数据。样本的分布如表 4-1 所示。

表 4-1　　　　　　　　　样本频数分布

项目	2008 年	2009 年	2010 年	2011 年	2012 年	2013 年	2014 年	2015 年	2016 年	合计
样本数	30	53	82	95	127	136	133	246	262	1164
所占比例（%）	2.58	4.55	7.04	8.16	10.91	11.68	11.43	21.13	22.51	100

表 4-2 列示了样本的行业分布，行业根据中国证监会《上市公司行业分类指引》来分类，共计 19 个行业，其中样本企业涉及 13 个行业。

表 4-2　　　　　　　　　样本行业分布情况

行业类型	行业代码	样本数量	占总数百分比（%）
农、林、牧、渔业	A	2	0.17
采矿业	B	8	0.69
制造业	C	885	76.03
电力、热力、燃气及水生产和供应业	D	2	0.17
建筑业	E	20	1.72
批发和零售业	F	3	0.26
交通运输、仓储和邮政业	G	57	4.90
住宿和餐饮业	H	0	0
信息传输、软件和信息技术服务业	I	81	6.96
金融业	J	0	0
房地产业	K	1	0.09

行业类型	行业代码	样本数量	占总数百分比（%）
租赁和商务服务业	L	5	0.43
科学研究和技术服务业	M	9	0.77
水利、环境和公共设施管理业	N	5	0.43
居民服务、修理和其他服务业	O	0	0
教育	P	0	0
卫生和社会工作	Q	0	0
文化、体育和娱乐业	R	1	0.09
综合	S	0	0
合计		1164	100

由表 4-2 可见，企业的研发投入具有行业密集性，样本企业主要集中在制造业，占总样本的 76.03%，其次是信息传输、软件和信息技术服务业，占总样本的 6.96%。

4.3 模型构建

4.3.1 回归模型

为了检验假设 1，本书构建模型（4-1），主要观察估计系数 α_1 是否为负。

$$RD_{i,t} = \alpha_0 + \alpha_1 PBC_{i,t} + \alpha Controls + \varepsilon_{i,t} \qquad (4-1)$$

模型（4-1）中，因变量 RD 表示创新投入水平，自变量 PBC 表示控制权私有收益。$Controls$ 为控制变量，由于研发创新还会受到其他因素影响，本研究参考相关研究成果，使用净资产收益率（ROE）、资产负债率（$DEBT$）、企业规模（$SIZE$）、现金流（CF）、企业年龄（AGE）、市场竞争（HHI）作为控制变量。

为了检验假设 2，本书构建模型（4-2）、模型（4-3），主要观察估计系数 α_1 的差异。

$$R_{i,t} = \alpha_0 + \alpha_1 PBC_{i,t} + \alpha Controls + \varepsilon_{i,t} \qquad (4-2)$$

$$D_{i,t} = \alpha_0 + \alpha_1 PBC_{i,t} + \alpha Controls + \varepsilon_{i,t} \qquad (4-3)$$

模型（4-2）、模型（4-3）中，因变量 R 表示探索式创新投入水平，D 表示开发式创新投入水平，其余变量与模型（4-1）一致。

为了检验假设 3，本书构建模型（4-4），主要观察估计系数 α_1 是否为负。

$$BALANCE_{i,t} = \alpha_0 + \alpha_1 PBC_{i,t} + \alpha Controls + \varepsilon_{i,t} \qquad (4-4)$$

模型（4-4）中，因变量 $BALANCE$ 表示双元创新平衡，$Controls$ 为控制变量，由于双元创新平衡还会受到其他因素影响，本研究参考相关研究成果，使用企业规模（$SIZE$）、企业年龄（AGE）、市场竞争（HHI）、研发支出（RD）作为模型的控制变量。

为了检验假设 4-1，本书构建模型（4-5）～模型（4-8），主要观察交乘项估计系数 α_3 的符号。

$$RD_{i,t} = \alpha_0 + \alpha_1 PBC_{i,t} + \alpha_2 GUIMO_{i,t} + \alpha_3 PBC_{i,t} \times GUIMO_{i,t} + \alpha Controls + \varepsilon_{i,t}$$
$$(4-5)$$

$$R_{i,t} = \alpha_0 + \alpha_1 PBC_{i,t} + \alpha_2 GUIMO_{i,t} + \alpha_3 PBC_{i,t} \times GUIMO_{i,t} + \alpha Controls + \varepsilon_{i,t}$$
$$(4-6)$$

$$D_{i,t} = \alpha_0 + \alpha_1 PBC_{i,t} + \alpha_2 GUIMO_{i,t} + \alpha_3 PBC_{i,t} \times GUIMO_{i,t} + \alpha Controls + \varepsilon_{i,t}$$
$$(4-7)$$

$$BALANCE_{i,t} = \alpha_0 + \alpha_1 PBC_{i,t} + \alpha_2 GUIMO_{i,t} + \alpha_3 PBC_{i,t} \times GUIMO_{i,t} +$$
$$\alpha Controls + \varepsilon_{i,t} \qquad (4-8)$$

为了检验假设 4-2，本书构建模型（4-9）～模型（4-12），主要观察交乘项估计系数 α_3 的符号。

$$RD_{i,t} = \alpha_0 + \alpha_1 PBC_{i,t} + \alpha_2 BL_{i,t} + \alpha_3 PBC_{i,t} \times BL_{i,t} + \alpha Controls + \varepsilon_{i,t}$$
$$(4-9)$$

$$R_{i,t} = \alpha_0 + \alpha_1 PBC_{i,t} + \alpha_2 BL_{i,t} + \alpha_3 PBC_{i,t} \times BL_{i,t} + \alpha Controls + \varepsilon_{i,t}$$
$$(4-10)$$

$$D_{i,t} = \alpha_0 + \alpha_1 PBC_{i,t} + \alpha_2 BL_{i,t} + \alpha_3 PBC_{i,t} \times BL_{i,t} + \alpha Controls + \varepsilon_{i,t}$$

$$(4-11)$$

$$BALANCE_{i,t} = \alpha_0 + \alpha_1 PBC_{i,t} + \alpha_2 BL_{i,t} + \alpha_3 PBC_{i,t} \times BL_{i,t} + \alpha Controls + \varepsilon_{i,t}$$

$$(4-12)$$

为了检验假设 4-3，本书构建模型（4-13）~模型（4-16），主要观察交乘项估计系数 α_3 的符号。

$$RD_{i,t} = \alpha_0 + \alpha_1 PBC_{i,t} + \alpha_2 DCHIGU_{i,t} + \alpha_3 PBC_{i,t} \times DCHIGU_{i,t} + \alpha Controls + \varepsilon_{i,t}$$

$$(4-13)$$

$$R_{i,t} = \alpha_0 + \alpha_1 PBC_{i,t} + \alpha_2 DCHIGU_{i,t} + \alpha_3 PBC_{i,t} \times DCHIGU_{i,t} + \alpha Controls + \varepsilon_{i,t}$$

$$(4-14)$$

$$D_{i,t} = \alpha_0 + \alpha_1 PBC_{i,t} + \alpha_2 DCHIGU_{i,t} + \alpha_3 PBC_{i,t} \times DCHIGU_{i,t} + \alpha Controls + \varepsilon_{i,t}$$

$$(4-15)$$

$$BALANCE_{i,t} = \alpha_0 + \alpha_1 PBC_{i,t} + \alpha_2 DCHIGU_{i,t} + \alpha_3 PBC_{i,t} \times DCHIGU_{i,t} + \alpha Controls + \varepsilon_{i,t} \quad (4-16)$$

为了检验假设 5，本书构建模型（4-17）~模型（4-20），主要观察交乘项估计系数 α_3 的符号。

$$RD_{i,t} = \alpha_0 + \alpha_1 PBC_{i,t} + \alpha_2 SHARE_{i,t} + \alpha_3 PBC_{i,t} \times SHARE_{i,t} + \alpha Controls + \varepsilon_{i,t}$$

$$(4-17)$$

$$R_{i,t} = \alpha_0 + \alpha_1 PBC_{i,t} + \alpha_2 SHARE_{i,t} + \alpha_3 PBC_{i,t} \times SHARE_{i,t} + \alpha Controls + \varepsilon_{i,t}$$

$$(4-18)$$

$$D_{i,t} = \alpha_0 + \alpha_1 PBC_{i,t} + \alpha_2 SHARE_{i,t} + \alpha_3 PBC_{i,t} \times SHARE_{i,t} + \alpha Controls + \varepsilon_{i,t}$$

$$(4-19)$$

$$BALANCE_{i,t} = \alpha_0 + \alpha_1 PBC_{i,t} + \alpha_2 SHARE_{i,t} + \alpha_3 PBC_{i,t} \times SHARE_{i,t} + \alpha Controls + \varepsilon_{i,t} \quad (4-20)$$

为了检验假设 6，本书构建模型（4-21）~模型（4-24），主要观察交乘项估计系数 α_3 的符号。

$$RD_{i,t} = \alpha_0 + \alpha_1 PBC_{i,t} + \alpha_2 JGTZ_{i,t} + \alpha_3 PBC_{i,t} \times JGTZ_{i,t} + \alpha Controls + \varepsilon_{i,t}$$

$$(4-21)$$

$$R_{i,t} = \alpha_0 + \alpha_1 PBC_{i,t} + \alpha_2 JGTZ_{i,t} + \alpha_3 PBC_{i,t} \times JGTZ_{i,t} + \alpha Controls + \varepsilon_{i,t}$$

$$(4-22)$$

$$D_{i,t} = \alpha_0 + \alpha_1 PBC_{i,t} + \alpha_2 JGTZ_{i,t} + \alpha_3 PBC_{i,t} \times JGTZ_{i,t} + \alpha Controls + \varepsilon_{i,t}$$

$$(4-23)$$

$$BALANCE_{i,t} = \alpha_0 + \alpha_1 PBC_{i,t} + \alpha_2 JGTZ_{i,t} + \alpha_3 PBC_{i,t} \times JGTZ_{i,t} + \alpha Controls + \varepsilon_{i,t}$$

$$(4-24)$$

为了检验假设 7，本书构建模型（4 - 25）~模型（4 - 28），主要观察交乘项估计系数 α_3 的符号。

$$RD_{i,t} = \alpha_0 + \alpha_1 PBC_{i,t} + \alpha_2 GOV_{i,t} + \alpha_3 PBC_{i,t} \times GOV_{i,t} + \alpha Controls + \varepsilon_{i,t}$$

$$(4-25)$$

$$R_{i,t} = \alpha_0 + \alpha_1 PBC_{i,t} + \alpha_2 GOV_{i,t} + \alpha_3 PBC_{i,t} \times GOV_{i,t} + \alpha Controls + \varepsilon_{i,t}$$

$$(4-26)$$

$$D_{i,t} = \alpha_0 + \alpha_1 PBC_{i,t} + \alpha_2 GOV_{i,t} + \alpha_3 PBC_{i,t} \times GOV_{i,t} + \alpha Controls + \varepsilon_{i,t}$$

$$(4-27)$$

$$BALANCE_{i,t} = \alpha_0 + \alpha_1 PBC_{i,t} + \alpha_2 GOV_{i,t} + \alpha_3 PBC_{i,t} \times GOV_{i,t} + \alpha Controls + \varepsilon_{i,t}$$

$$(4-28)$$

4.3.2 变量的定义

本研究的变量由因变量、自变量和控制变量三部分组成。因变量为公司的创新投入水平、探索式创新投入水平、开发式创新投入水平和双元创新平衡；自变量为控制权私有收益和与公司治理有关的变量；控制变量主要包括公司的净资产收益率、资产负债率、企业规模、现金流、企业年龄、市场竞争、研发支出等变量。

1. 因变量

（1）创新投入。

鲁桐和党印（2014）、徐悦等（2018）指出使用专利等产出衡量创新并不科学，因为创新产出并不完全受到代理人的控制，且受到诸多外生因素的影响，而投入完全由代理人决定，相较于产出，创新投入有很高的可比性，适合作为代理视角下分析企业的创新问题。因此,本书使用公司的 R&D 投入衡量创新投入水平。R&D 投入主要有两类指标来衡量,一类是绝对值指标,另一类是相对值指标。贝辛格(Baysinger et al.,1991)、吴和涂(Wu & Tu,2007)使用过绝对值指标衡量 R&D 投入。国内外学者一般都是使用相对值指标衡量 R&D 投入,衡量的方式有 R&D 支出/销售收入、R&D 支出/总资产、R&D 支出/企业价值这三种形式。由于我国资本市场属于弱式有效市场,即存在"内幕信息",股票价格的技术分析失去作用,无法反映企业的真实市场价值。再加上由于我国股票市场的二元结构,Tobin's Q 值也不能反映企业市场价值,因此以 R&D 支出/企业价值无法准确衡量企业的研发投入情况。因此,国内外学者普遍采用 R&D 支出/销售收入、R&D 支出/总资产衡量企业的 R&D 投入情况。尤其是 R&D 支出/销售收入被称为研发强度,国际上认为研发强度达到 5% 的水平,企业才具有强劲竞争力的可能,而研发强度如果只在 2% 左右的水平,企业仅仅能维持现有的生产能力。鉴于此,本书选择 R&D 支出/销售收入作为创新投入水平的相对指标,记作 RD 。

(2)探索式创新与开发式创新。

《企业会计准则》(2006)要求企业明确披露 R&D 投资信息,准则把 R&D 投资分为研究阶段投资和开发阶段投资,研究阶段投资费用化处理,开发阶段投资如果满足条件则进行资本化处理。本研究借鉴唐清泉和肖海莲(2012)、肖海莲等(2014)的做法定义探索式创新和开发式创新。企业如果只进行了研究阶段投资,没有开发阶段投资,或者研究阶段投资和开发阶段投资同时进行,这种企业的研发归为探索式创新,记作 R;如果企业没有研究阶段投资,而只有开发阶段投资,这种企业的研发归为开发式创新,记作 D。

(3)双元创新平衡。

探索式创新与开发式创新两者不平衡是一种"常态"。目前研究双元创新平衡时,学者们经常使用探索式创新与开发式创新差的绝对值作为衡量是否平衡的指标,但这种衡量方式无法考虑技术创新能力的高低,例如,企业的探索式创新与开发式创新的投入都很高时,和探索式创新与开发式创新的投入都很低时,他们差的绝对值几乎是相同的。因此,本书借鉴王凤彬等(2012)的做法,$BALANCE$ 代表双元创新平衡,使用表达式 $BALANCE = 1 -$

$|R-D|/(R+D)$ 度量双元创新平衡。当企业的探索式创新与开发式创新处于平衡关系时，即 $R=D$，此时 $BALANCE$ 等于 1；当探索式创新与开发式创新不平衡时，$BALANCE$ 介于 0 ~ 1 之间，并且探索式创新与开发式创新之间相差的越大，$BALANCE$ 就越接近于 0。

2. 自变量

（1）控制权私有收益。

控股股东为了追逐私有收益，会对中小股东进行利益侵占，为了避免法律诉讼，这种侵占行为会采用隐蔽的方式进行。虽然现有学者们用多种方式定义了控制权私有收益，但也很难找到一种可以准确度量控制权私有收益的方式。本研究借鉴俞红海等（2010）、左晶晶等（2013）的做法，控制权私有收益使用控股股东的控制权与现金流权的偏离度衡量。

控制权是一种支配权，表示对公司人力、物力、财力的一种控制范围的大小。本研究使用控股股东与上市公司之间每一条控制链上最低的持股比例表示控制权，如果控股股东与上市公司之间存在多条控制链，则需要把每条控制链上表示控制权的最低持股比例相加，合计数为最终控制权。计算公式为：

$$Cr = \sum_{i=1}^{n} \min(c_{i1}, c_{i2}, c_{i3}, \cdots, c_{it})，其中 c_{i1}, c_{i2}, \cdots, c_{it} 为第 i 条控制链的所有$$

链间控股比例。

现金流权度量的是控股股东对上市公司的所有权，既包括控股股东通过直接控制的方式持有的上市公司控股比例，也包括间接控制的方式，计算出每条控制链上控制权的乘积，然后将直接的控股比例与间接的控制权乘积相加，计算得出现金流权。计算公式为：

$$CFR = \sum_{i=1}^{n} \prod_{t=1}^{t} c_{it}，其中 c_{it} 为第 i 条控制链的所有链间控股比例。$$

因此，控制权私有收益可表示为 $PBC = Cr - CFR$。

（2）董事会规模。

董事会成员数量的增加引发董事会规模的扩大，这就意味着由更多的董事社会资本、影响力、经验可以为企业所用，这有利于董事会对企业管理层利己主义动机的识别，可以更加科学合理地评价管理层的经营行为，减弱董事会与管理层之间的信息不对称程度，对于企业研发创新战略的实施以及研发创新活动的开展是极为有利的。另外，随着董事会成员的增加，董事的专业知识、财务知识来源更加多元化，对于技术创新活动的风险与前景识别会更加客观与可靠，使得研发投资决策更加稳健。因此，董事会规模的适度扩大可以丰富董事会成员的知识结构、阅历，以及多视角分析问题的可能，避免做出偏执的决策，另外除了财务、技术角度以外，董事会还可以从其他角度对探索式创新和开发式创新进行组合，使之达到最适合企业现阶段发展的平衡点（李胜楠等，2018）。本研究使用公司董事会的正式成员人数包括内部董事、外部董事以及独立董事之和表示公司的董事会规模（$GUIMO$）。

（3）独立董事比例。

独立董事比例是体现董事会独立性的重要条件。当独立董事严格按照《关于在上市公司建立独立董事制度的指导意见》的要求履行职责，且公司对其履行职责予以配合时，董事会则可以有效降低违规成本，使董事会和管理层将更多的精力和资源聚焦于公司的技术创新。独立董事来自企业外部，与外界部门、机构存在较多的联系，当企业面临各种不确定因素时，独立董事就可以各自利用自身的优势，帮助企业化解面临的危机，更有可能对企业的研发创新活动起到正面影响。赵昌文等（2008）认为控股股东的知识结构与知识内容都具有局限性，独立董事拥有技术、法律、财务等方面的专门知识，可以弥补控股股东知识层面上的缺陷与不足，发挥信息咨询的功能，可以对公司短期化的投资计划实施监督，适当增加有利于企业长远发展的研发创新活动。从而更好地平衡公司长远发展的探索式创新与短期发展的开发式创新。本研究的独立董事比例（BL）采用独立董事人数占董事会人数的比重来衡量。

（4）董事会持股。

董事会是股东选出代表股东利益的群体，行使权力负责监督和控制企业的管理层，掌握着企业的核心资源。董事会成员持股将使董事会成员的身份发生转变，从原来的受托者转为所有者，董事会成员的利益将与公司的股东利益保持一致，更好地发挥董事会的监督和检查职能。另外，董事会成员持股以后，会更关注企业的长远发展，克服董事会决策中过分强调当前利益的短期化行为，对可能给公司带来长远收益的研发创新更感兴趣，从而有助于企业的技术创新。然而董事会成员持股也会产生消极影响，董事长由控股股东提名并产生，因此董事长是控股股东的利益代言人，董事会持股有可能会强化控股股东的控制权，使得董事会按照控股股东的利益行事，成为控股股东攫取私有收益的帮凶。因此，李经路和苏杭（2016）研究认为董事会持股既可能发挥"利益趋同"的正面影响，也可能发挥"利益侵占"的负面影响。本研究的董事会持股（*DCHIGU*）采用董事会持股数占企业总股数的比重来衡量。

（5）股权制衡。

公司如果有不止一个大股东，这些大股东就可以起到互相牵制和监督的作用，因此公司的其他大股东对控股股东的制衡是保护外部投资者，尤其是广大中小投资者利益的一种重要机制。在一定程度上，公司的其余大股东持股比例与控股股东越接近，这些大股东在企业中就更具有话语权，对控股股东监督与约束作用发挥的更加明显（唐跃军和左晶晶，2010），这种监督和约束即股权制衡会促进公司的投资行为更加趋于理性。因此，提升公司其他大股东参与公司治理的能力，参与对控股股东的监督与制衡，构建良好的股东制衡机制，有助于降低控股股东对中小股东的利益侵占行为，推动上市公司更多地进行研发和创新投资。另外，其他股东与控股股东的股权数量存在差异，因此对于公司长远利益与当前利益，风险的接受程度等方面都会存在不同的看法。因此，股权制衡对于创新模式的选择也会有影响。本研究使用公司第二至第十大股东持股比例之和来表示公司的股权制衡度（*SHARE*）。

（6）机构投资者持股。

个人投资者由于获取信息的能力不强，再加上专业知识匮乏，投资决策容易受到外界因素的干扰，一般都是短期持股的投资者。而机构投资者在信息获取与知识方面具有先天的优势，能够获取并合理分析公司 R&D 支出等影响企业长远发展能力的信息，在投资时可以以公司价值作为决策依据，一般属于长期持股的理性投资者。李维安和武立东（2002）曾指出随着基金规模和公司持股比例的增加，大多数投资基金已经从原先的短期投机经营转向长期投资经营。但机构投资者存在异质特征，它们能够在不同程度、不同方向上影响公司治理，进而影响企业技术创新。其中独立机构与上市公司不存在商业关系，能够基于自身利益判断做出独立决策，不受短期目标影响，规模、资金、信息和人力等方面的优势在监督和治理过程中将得到体现，关注能使长期投资价值最大化的投资项目，从而促进企业的探索式创新投资；由于独立机构更关注长期投资价值，对侧重关于短期利益的开发式创新吸引力不大，独立机构投资者基于成本—效益原则，在开发式创新的监督问题上缺乏主动性和积极性。本研究使用独立机构投资者持股数量占公司总股数比重衡量机构投资者持股（ *JGTZ* ）。

（7）公司治理。

公司治理是一种规范企业行为的准则，可以通过监督和激励机制降低经营活动中的不确定性，降低交易成本，保证决策行为科学化、合理化。企业的任何技术创新活动都是在特定的公司治理背景下进行的。因此，公司治理对公司的技术创新活动具有根本性的决定作用（党印，2012）。另外考虑到委托代理关系、风险规避等因素，王玉霞和孙治一（2018）认为公司治理对创新策略的影响在探索式创新与开发式创新方式中存在差异。由于公司治理是一个系统工程，需要协调各方面的关系，任何单一指标都无法对企业的公司治理情况进行描述。在我国目前的股权特征下，监事会与董事会都是都受到控股股东的控制和操纵，监事会沦落为董事会的附属机构。因此，监事会在公司治理方面并未发现发挥了预期作用（Dahya et al.，2002；李爽和吴溪，2003）。另外，目前学者们主要从"以高管激励为核心对于创新管理者激励""对研发人员（核心技术人员）的激励""对创新实践者的激励""不同创新主体之间的激励差异"，这四个维度研究激励因素对创新的影响，以及不同治理维度的内部成员个体特征及其差异对企业创新的影响（程新生等，2019），而本书主要是基于第二类代理问题研究企业创新问题，这些激励因素与个体特征并非是本文的研究重点。因此，本研究选取董事会规模、独立董事比例、董事会持股、股权制衡、机构投资者持股等指标，采用因子分析法进行分析，得到公司治理（ *GOV* ）的度量指标。

3. 控制变量

（1）净资产收益率。

企业经营的最终目的是获益，只有获益的企业才能具有市场竞争力。企业要想做到拥有持续获益能力，就必须进行自主创新。当然收益能力与创新两者是相辅相成的，但一般认为研发创新需要巨额的资金投入，很难想象一家连续亏损的企业有动机和能力去进行技术创新。因此，企业利润水平越高，才有能力增加创新投入。本书使用净资产收益率测度企业的利润水平，用公司期末资产负债表披露的净利润与所有者权益之比表示净资产收益率（ROE）。

（2）资产负债率。

研发创新是一种高风险活动。作为债权人而言，从企业获得的是固定收益，而研发创新给企业带来的额外收益属于股东，与债权人无关；一旦创新失败，债权人却要承担损失。因此，研发创新活动的资金主要是来源于股权资金，而不是债权资金。因此，当企业资产负债率较高时，企业的经营行为会受到债权人的制约，会采取较为保守的行动方案，高风险的创新活动会受到抑制，企业会减少创新投入。本书用公司期末资产负债表披露的账面负债与账面资产之比表示资产负债率（$DEBT$）。

（3）企业规模。

通常规模较大的企业都具有较高的获取收益能力，也具有较强的抗风险能力，从道理上讲大型企业应该是研发创新的主体。但一个行业中，大企业的数量有限，为了获取稳定的收益和维持现有市场份额，大企业之间容易形成联盟关系，反而会对技术创新起到阻碍作用。但对于行业中数量众多的中小企业而言，虽然企业规模小，抗风险能力小于大型企业，但由于企业数量众多，要想从激烈的竞争中脱颖而出，必须要具有核心竞争力，所以中小企业反而具有较高的技术创新动机，加大创新投入来获取新的利润增长点。本书采用企业营业收入的自然对数作为企业规模（$SIZE$）的替代变量。

（4）现金流。

资金是企业进行研发创新的重要制约因素，企业为了技术创新，必须要储备充足的现金。研发创新本身具有的高度不确定性和风险，使得其资金来源受到限制，正如前面分析的，研发创新活动资金来源不依靠债权资金，而主要依靠股权资金，这里的股权资金既包括股东投入的，也包括企业自身创造的归属于股东的内部现金流量。由于研发创新活动容易遇到融资约束，所以需要企业把内部现金流量作为缓冲器，为研发创新活动保持一个相对平稳的路径，避免研发水平的下降，保证研发计划的顺利进行。本书用公司期末现金流量表披露的经营活动产生的现金流量净额与资产负债表披露的账面资产之比表示现金流（CF）。

（5）企业年龄。

企业的存在时间会对研发创新活动产生重要影响。根据生命周期理论，企业分为发展、成长、成熟、衰退四个阶段，当企业处于发展和成长阶段时，企业为了增强市场竞争力，扩大市场份额，有较强的研发创新动机；当企业处于成熟和衰退阶段时，企业有大量的前期技术沉淀和积累，会阻碍企业吸收相关新技术。因此，年轻企业与老企业相比，年轻企业会更倾向于进行研发创新。本书使用公司注册成立的年数测度企业年龄（AGE）。

（6）市场竞争。

市场上参与者越多，为了击败竞争对手，取得竞争优势，企业的产品就需要不断推陈出新，竞争压力迫使企业通过加大创新投入维持甚至扩大市场份额。当市场参与者越少，彼此之间比较容易达成协议，通过构建联盟关系维持现有市场份额，降低市场效率，不利于企业开展研发创新活动。因此，企业竞争程度越高，就越能激发企业创新的积极性，企业就越有动力进行创新投入获取竞争优势。本书使用赫芬达尔指数测度市场竞争程度（HHI）。

（7）研发支出。

考虑到研发支出会对双元创新平衡的影响，本书使用年研发支出取自然对数来测量（$\ln RD$）。

模型中所有变量的含义及其计算公式见表 4 - 3。

表 4 - 3　　　　　　　　　变量一览

变量类型	变量名称	符号	变量定义
因变量	创新投入	RD	R&D 支出/销售收入
	探索式创新投入	R	探索式创新（$R>0$，$D=0$；$R>0$，$D>0$）：（研究阶段支出 + 开发阶段支出）/营业收入
	开发式创新投入	D	开发式创新（$R=0$，$D>0$）：开发阶段支出/营业收入
	双元创新平衡	$BALANCE$	$1-|R-D|/(R+D)$
自变量	控制权私有收益	PBC	控制权—现金流权
	董事会规模	$GUIMO$	内部董事、外部董事以及独立董事之和
	独立董事比例	BL	独立董事人数占董事会人数的比重

续表

变量类型	变量名称	符号	变量定义
自变量	董事会持股	DCHIGU	董事会持股数占企业总股数的比重
	股权制衡	SHARE	公司第二至第十大股东持股比例之和
	机构投资者持股	JGTZ	独立机构投资者持股数量占公司总股数比重
	公司治理	GOV	董事会规模、独立董事比例、董事会持股、股权制衡、机构投资者持股等指标，采用因子分析法进行分析
控制变量	净资产收益率	ROE	期末资产负债表披露的净利润与所有者权益之比
	资产负债率	DEBT	期末资产负债表披露的账面负债与账面资产之比
	企业规模	SIZE	营业收入的自然对数
	现金流	CF	期末现金流量表披露的经营活动产生的现金流量净额与资产负债表披露的账面资产之比
	企业年龄	AGE	公司注册成立的年数
	市场竞争	HHI	市场上所有企业的市场份额的平方和
	研发支出	lnRD	年研发支出的自然对数

4.4　本章小结

本章首先在借鉴他人研究成果和第 2 章理论分析的基础上，提出有关控制权私有收益和创新模式、双元创新平衡的有关假设，按照一定的原则选择了 2008～2016 年 1164 个样本作为研究样本，然后构建了回归模型，最后对涉及的相应变量进行了界定。

第 5 章

控制权私有收益对企业创新
模式影响的实证结果分析

5.1 公司治理指标的因子分析

5.1.1 判断因子分析法的适用性

相应的 KMO 和巴特利特球度（Bartlett）检验如表 5 – 1 所示。

表 5 – 1   **KMO 和巴特利特球度检验**

Kaiser-Meyer-Olkin Measure of Sampling Adequacy		0. 503
Bartlett's Test of	Approx. Chi-Square	202. 069
Sphericity	df	10
	Sig.	0. 000

资料来源：笔者根据主成分分析法计算所得。

因子分析的目的是从原有变量中综合出少量具有代表意义的因子变量，这就需要原有变量之间具有较强的相关关系。从上表可知，Bartlett 球度检验统计量为 202.069，相应的概率 Sig 为 0.000，同时 KMO 值为 0.503，根据 Kaiser 给出的 KMO 度量标准可知原有变量适合作因子分析。

5.1.2 利用主成分分析法提取总方差解释

从表 5 – 2 中可以看出，前面两个公共因子的累计贡献率达到 51.537%，即它们所保持的原始数据的信息量不会低于 51.537%，因此前两个公共因子转化为主因子，提取的这两个主因子（代码为 F_1，F_2）足以从整体上反映原评价指标体系。为了明确提取后主因子的经济含义，使各个主因子得到合理的解释，通常要对初始因子载荷矩阵进行旋转，在旋转方法上，一般采用方差最大化方法，结果如表 5 - 3 所示。

表 5 - 2　　　　　　　　　　　总方差解释

成分	Initial Eigenvalues			Extraction Sums of Squared Loadings			Rotation Sums of Squared Loadings		
	Total	% of Variance	Cumulative (%)	Total	% of Variance	Cumulative (%)	Total	% of Variance	Cumulative (%)
1	1.342	26.850	26.850	1.342	26.850	26.850	1.321	26.412	26.412
2	1.234	24.687	51.537	1.234	24.687	51.537	1.256	25.126	51.537
3	0.988	19.754	71.291						
4	0.760	15.200	86.491						
5	0.675	13.509	100.000						

资料来源：笔者根据主成分分析法计算所得。

表 5 - 3　　　　　　　　　　旋转后因子载荷系数矩阵

项目	组成部分	
	1	2
董事会规模	0.815	0.058
独立董事比例	-0.792	0.121
股权制衡	0.126	0.776
董事会持股	-0.112	0.760
机构投资者持股	-0.031	0.244

资料来源：笔者根据主成分分析法计算所得。

表 5 - 3 较为清晰地显示了所提取因子的实际经济含义，利用该矩阵，可以帮助我们更好地解释主因子的含义。F_1 在董事会规模、独立董事比例具有很大载荷，最低载荷为 -0.792。F_2 在董事会持股、股权制衡两个指标具有很大的载荷，最低载荷为 0.760。

5.1.3　主因子表达形式

因子得分系数矩阵如表 5 - 4 所示。

表 5 - 4 　　　　　　　　　　　　　因子得分系数矩阵

项目	组成部分	
	1	2
独立董事比例	0.762	− 0.248
董事会规模	− 0.702	0.418
股权制衡	0.237	0.749
董事会持股	0.442	0.628
机构投资者持股	0.137	0.204

资料来源：笔者根据主成分分析法计算所得。

根据表 5 - 4，主因子表达形式为：

$F_1 = 0.762 \times$ 独立董事比例 $- 0.702 \times$ 董事会规模 $+ 0.237 \times$ 股权制衡 $+ 0.442 \times$ 董事会持股 $+ 0.137 \times$ 机构投资者持股

$F_2 = - 0.248 \times$ 独立董事比例 $+ 0.418 \times$ 董事会规模 $+ 0.749 \times$ 股权制衡 $+ 0.628 \times$ 董事会持股 $+ 0.204 \times$ 机构投资者持股

5.1.4　公司治理综合评价指数

利用 2 个综合因子得分函数，根据主因子方差贡献率占累计贡献率的比重来确定各因子的权重 W_1、W_2 分别为 0.5124、0.4875，计算各样本公司的公司治理指 GOV 值，该指数的优点在于权重是客观的，非主观的。

$$GOV = 0.5124 \times F_1 + 0.4875 \times F_2$$

5.2　控制权私有收益与创新的实证检验

5.2.1　基于整体样本实证检验

1. 描述性统计

表 5 - 5 报告了主要变量的描述性统计结果。表中数据表明，样本企业的创新投入均值达到了 0.0571，达到了国际上认可的创新投入达到 5% 时企业具备竞争力这一标准。但企业的创新投入最大值与最小值分别为 0.4291 与 0.0006，说明企业间内部技术创新存在较大差异，且探索式创新投入的程度

（0.0597）要高于开发式创新（0.0426），说明样本企业更倾向于进行探索式创新。控制权私有收益最大值为 0.4020，最小值为 0.0000，均值为 0.0452，标准差为 0.0780，说明样本企业间控制权私有收益水平差异较大，探索式创新企业的控制权私有收益（0.0429）要小于开发式创新企业（0.0578）。
ROE 均值为 0.0674，最大值为 0.5020，最小值为 −1.9260，标准差为 0.1101，说明不同企业间的收益存在明显的差异，开发式创新企业（0.0744）要比探索式创新企业（0.0661）可以获得更高的收益。DEBT 均值为 0.3330，最大值为 0.9155，最小值为 0.0224，标准差为 0.1720，说明不同企业间的负债存在明显的差异，但债务资金只占全部资金来源的 1/3，也再次证明了高新技术企业的资金主要来源于股权资金，而不是债权资金，探索式创新企业（0.3382）要比开发式创新企业（0.3041）可以获得稍多一些债权资金，但也不是很明显。SIZE 均值为 20.8068，最大值为 24.6910，最小值为 18.3263，标准差为 0.9866，说明不同企业间的规模存在明显的差异，开发式创新企业（20.8315）要比探索式创新企业（20.8024）的规模略大一些。CF 均值为 0.0470，最大值为 0.3127，最小值为 −0.2332，标准差为 0.0660，说明不同企业间的现金流量存在明显的差异，开发式创新企业（0.0481）要比探索式创新企业（0.0468）的现金流量略多一些。AGE 均值为 14.1118，最大值为 40.8630，最小值为 1.7890，标准差为 4.9410，说明不同企业的存续时间存在明显的差异，探索式创新企业（14.9310）要比开发式创新企业（13.6621）的存续时间长一些。HHI 均值为 0.0860，最大值为 0.8926，最小值为 0.0149，标准差为 0.0804，说明企业所处的竞争环境存在明显差异，探索式创新企业（0.0858）要比开发式创新企业（0.0873）的竞争环境要更激烈一些。并且控制变量净资产收益率（ROE）、资产负债率（DEBT）、企业规模（SIZE）、现金流（CF）、企业年龄（AGE）、市场竞争（HHI）的均值与中位数基本相当，表明其呈现正态分布。

表 5 − 5　　　　　　　　　各变量的描述性统计结果

描述性统计		RD	PBC	ROE	DEBT	SIZE	CF	AGE	HHI
全样本	均值	0.0571	0.0452	0.0674	0.3330	20.8068	0.0470	14.1118	0.0860
	中位数	0.043	0.0000	0.0670	0.3218	20.7292	0.0459	14.0795	0.0575

续表

描述性统计		RD	PBC	ROE	DEBT	SIZE	CF	AGE	HHI
全样本	标准差	0.048	0.0780	0.1101	0.1720	0.9866	0.0660	4.9410	0.0804
	最小值	0.0006	0.0000	−1.9260	0.0224	18.3263	−0.2332	1.7890	0.0149
	最大值	0.4291	0.4020	0.5020	0.9155	24.6910	0.3127	40.8630	0.8926
	样本数	1164	1164	1164	1164	1164	1164	1164	1164
探索式创新	均值	0.0597	0.0429	0.0661	0.3382	20.8024	0.0468	14.1930	0.0858
	中位数	0.0445	0.0000	0.0665	0.3280	20.7365	0.0452	14.1726	0.0575
	标准差	0.05070	0.0759	0.1098	0.1733	0.9924	0.0649	4.7736	0.0754
	最小值	0.0021	0.0000	−1.9260	0.0235	18.3263	−0.2332	1.7890	0.0149
	最大值	0.4291	0.3605	0.5020	0.9155	24.6910	0.2954	37.8603	0.5282
	样本数	986	986	986	986	986	986	986	986
开发式创新	均值	0.0426	0.0578	0.0744	0.3041	20.8315	0.0481	13.6621	0.0873
	中位数	0.0365	0.0000	0.0711	0.2906	20.7037	0.0500	12.8603	0.0542
	标准差	0.0288	0.0879	0.1119	0.1617	0.9560	0.0721	5.7762	0.1039
	最小值	0.0006	0.0000	−1.0772	0.0224	18.8421	−0.2262	3.5123	0.0149
	最大值	0.2006	0.4020	0.3819	0.8213	24.6115	0.3127	40.8630	0.8926
	样本数	178	178	178	178	178	178	178	178

2. 相关性检验

为检验模型（4−1）、模型（4−2）、模型（4−3）中各变量是否存在多重共线性问题，本书利用 SPSS 软件对模型（4−1）、模型（4−2）、模型（4−3）各主要变量分别进行了 Pearson 相关性检验。相关性检验结果如表5−6、表5−7、表5−8 所示。

表5−6、表5−7、表5−8 结果显示，回归模型（4−1）、模型（4−2）、模型（4−3）中各解释变量之间系数均小于0.3，说明各变量间不存在严重的多重共线性问题。同时，解释变量（PBC）均与创新投入水平（RD、R、D）具有显著的相关性，说明模型（4−1）、模型（4−2）、模型（4−3）具有较强的合理性。同时从表中可以看出，企业创新投入水平（RD）与控制权私有收益（PBC）呈显著的负相关关系，探索式创新投入（R）与控制权私有收益（PBC）呈显著的正相关关系，开发式创新投入（D）与控制权私有收益（PBC）呈显著的负相关关系。

表 5-6　模型（4-1）各变量间 Pearson 相关性检验结果

变量		RD	PBC	ROE	DEBT	SIZE	CF	AGE	HHI
RD	Pearson Correlation	1							
	Sig (2-tailed)								
	N	1164							
PBC	Pearson Correlation	-0.090**	1						
	Sig (2-tailed)	0.02							
	N	1164	1164						
ROE	Pearson Correlation	-0.078**	-0.001	1					
	Sig (2-tailed)	0.008	0.965						
	N	1164	1164	1164					
DEBT	Pearson Correlation	-0.273**	0.060*	-0.143**	1				
	Sig (2-tailed)	0.000	0.42	0.000					
	N	1164	1164	1164	1164				
SIZE	Pearson Correlation	-0.310**	0.078**	0.166**	0.500**	1			
	Sig (2-tailed)	0.000	0.008	0.000	0.000				
	N	1164	1164	1164	1164	1164			
CF	Pearson Correlation	-0.027	0.075*	0.355**	-0.169**	0.101**	1		
	Sig (2-tailed)	0.362	0.011	0.000	0.000	0.001			
	N	1164	1164	1164	1164	1164	1164		
AGE	Pearson Correlation	-0.067*	0.005	-0.072*	0.060*	0.139**	-0.013	1	
	Sig (2-tailed)	0.022	0.875	0.014	0.042	0.000	0.660		
	N	1164	1164	1164	1164	1164	1164	1164	
HHI	Pearson Correlation	-0.100**	0.043	0.040	0.065*	-0.008	0.002	-0.128**	1
	Sig (2-tailed)	0.001	0.141	0.169	0.026	0.787	0.936	0.000	
	N	1164	1164	1164	1164	1164	1164	1164	1164

注：*** 表示相关性在 0.01 水平上显著（双尾），** 表示相关性在 0.05 水平上显著（双尾）。

表5-7　模型（4-2）各变量间 Pearson 相关性检验结果

变量		R	PBC	ROE	DEBT	SIZE	CF	AGE	HHI
R	Pearson Correlation	1							
	Sig (2-tailed)								
	N	986							
PBC	Pearson Correlation	0.069*	1						
	Sig (2-tailed)	0.031							
	N	986	986						
ROE	Pearson Correlation	-0.73*	0.020	1					
	Sig (2-tailed)	0.021	0.538						
	N	986	986	986					
DEBT	Pearson Correlation	-0.298*	0.068*	-0.154**	1				
	Sig (2-tailed)	0.000	0.033	0.000					
	N	986	986	986	986				
SIZE	Pearson Correlation	-0.316*	0.069*	0.151**	0.498**	1			
	Sig (2-tailed)	0.000	0.030	0.000	0.000				
	N	986	986	986	986	986			
CF	Pearson Correlation	-0.029	0.086*	0.359**	-0.168**	0.108**	1		
	Sig (2-tailed)	364	0.007	0.000	0.000	0.001			
	N	986	986	986	986	986	986		
AGE	Pearson Correlation	-0.092**	-0.023	-0.074*	0.055	0.155**	-0.020	1	
	Sig (2-tailed)	0.004	0.479	0.020	0.086	0.001	0.538		
	N	986	986	986	986	986	986	986	
HHI	Pearson Correlation	-0.122**	0.078*	0.051	0.073*	-0.011	0.016	-0.130**	1
	Sig (2-tailed)	0.000	0.014	0.108	0.021	0.737	0.610	0.000	
	N	986	986	986	986	986	986	986	986

注：** 表示相关性在 0.01 水平上显著（双尾），* 表示相关性在 0.05 水平上显著（双尾）。

表 5 - 8　模型 (4 - 3) 各变量间 Pearson 相关性检验结果

变量		D	PBC	ROE	DEBT	SIZE	CF	AGE	HHI
D	Pearson Correlation	1							
	Sig (2-tailed)								
	N	178							
PBC	Pearson Correlation	-0.210**	1						
	Sig (2-tailed)	0.005							
	N	178	178						
ROE	Pearson Correlation	-0.109	-0.110	1					
	Sig (2-tailed)	0.148	0.142						
	N	178	178	178					
DEBT	Pearson Correlation	-0.187*	0.050	-0.069	1				
	Sig (2-tailed)	0.012	0.505	0.361					
	N	178	178	178	178				
SIZE	Pearson Correlation	-0.300**	0.119	0.247**	0.527**	1			
	Sig (2-tailed)	0.000	0.113	0.001	0.000				
	N	178	178	178	178	178			
CF	Pearson Correlation	-0.006	0.023	0.340**	-0.172*	0.065	1		
	Sig (2-tailed)	0.934	0.764	0.000	0.022	0.389			
	N	178	178	178	178	178	178		
AGE	Pearson Correlation	0.067	0.126	-0.060	0.071	0.069	0.016	1	
	Sig (2-tailed)	0.377	0.094	0.429	0.347	0.357	0.830		
	N	178	178	178	178	178	178	178	
HHI	Pearson Correlation	0.022	-0.078	-0.002	0.037	0.003	-0.048	-0.122	1
	Sig (2-tailed)	0.771	0.298	0.975	0.622	0.969	0.522	0.104	
	N	178	178	178	178	178	178	178	178

注: ** 表示相关性在 0.01 水平上显著 (双尾), * 表示相关性在 0.05 水平上显著 (双尾)。

其余控制变量与创新投入水平（RD、R、D）之间系数基本小于 0.5，说明变量间不存在多重共线性问题。创新投入（RD）与净资产收益率（ROE）、资产负债率（DEBT）、企业规模（SIZE）、企业年龄（AGE）、市场竞争（HHI）显著相关，而与现金流（CF）不相关；探索式创新投入（R）与净资产收益率（ROE）、资产负债率（DEBT）、企业规模（SIZE）、企业年龄（AGE）、市场竞争（HHI）显著相关，而与现金流（CF）不相关；开发式创新投入（D）与资产负债率（DEBT）、企业规模（SIZE）显著相关，而与净资产收益率（ROE）、现金流（CF）、企业年龄（AGE）、市场竞争（HHI）不相关。最终结果须由回归结果来定。

3. 回归结果分析

为了考察我国上市公司控制权私有收益对企业创新投入的影响，根据模型（4-1）、模型（4-2）、模型（4-3）对样本进行回归，回归结果见表 5-9。从表 5-9 的回归结果可以看出，Durbin-Watson 统计在 2.0 左右，可以认为各变量间不存在显著的自相关问题；通过自相关和多重共线性检验，说明整体模型稳健性较强，整体模型可用。F 值在 1% 水平上显著，说明模型的解释力具有统计意义上的显著性。

表 5-9　　控制权私有收益对创新投入与创新模式影响的回归结果

变量	创新投入	探索式创新	开发式创新
Constant	0.2942 *** (9.1291)	0.3037 *** (8.4182)	0.1879 3.5164
PBC	− 0.0367 ** (− 2.1419)	0.02156 * (1.8035)	− 0.0660 *** (− 2.7514)
ROE	− 0.0290 ** (− 2.1708)	− 0.0319 ** (− 2.1096)	− 0.0210 (− 1.0163)
DEBT	− 0.0480 *** (− 5.0933)	− 0.0589 *** (− 5.5576)	− 0.0115 (− 0.7327)
SIZE	− 0.0099 *** (− 6.0011)	− 0.0098 *** (− 5.2644)	0.0070 ** (− 2.5621)
CF	− 0.0057 (− 0.2576)	− 0.0112 (− 0.4438)	0.0118 0.3820

变量	创新投入	探索式创新	开发式创新
AGE	− 0. 0004 (− 1. 6101)	− 0. 0008 ^{**} (− 2. 3926)	0. 0005 (1. 5194)
HHI	− 0. 0547 ^{***} (− 3. 2692)	− 0. 0756 (− 3. 7430)	0. 0066 (0. 3326)
R-squared	0. 1320	0. 1484	0. 1403
Adjusted R-squared	0. 1268	0. 1423	0. 1049
Durbin-Watson stat	2. 0037	1. 9791	1. 7909
F-statistic	25. 1243 ^{***}	24. 3539 ^{***}	3. 9621 ^{***}

注：括号里是 T 检验值。^{***}、^{**}、[*] 分别代表在 1%、5%、10% 的显著性水平。

控制权私有收益与创新投入在 5% 的水平上显著负相关，说明企业的控股股东为了获取更多的私有收益会从总体上降低企业的研发创新投入，H1 得到验证。控制权私有收益与探索式创新在 10% 的水平上显著正相关，与开发式创新在 1% 的水平上显著负相关，说明控股股东的控制权私有收益越大，企业在创新模式选择中倾向于探索式创新，而控制权私有收益越小，企业在创新模式选择中倾向于开发式创新，以上结果与 H2 预期相符。

5.2.2　基于公司治理的实证检验

1. 描述性统计

通过表 5 - 10 可以看出，样本公司的董事会成员平均为 5 人（取整后），但不同公司董事会成员人数相差比较悬殊，其中最多达到了 19 人，最少仅有 2 人。独立董事占董事会人数比重平均在 40%，说明独立董事的人数仍然较少，尚未取得主导地位，独立董事的群体效应难以发挥。董事会持股比例平均为 22.98%，持股比例偏少，这说明董事会很难与控股股东对抗，公司的决策权还是掌握在控股股东手中。第二至第十大股东持股比例之和平均达到了 27.37%，高于董事会持股比例，虽然也不足以对抗控股股东，但也是不可小觑的力量之一。机构投资者持股比例平均在 4.17%，比例虽然不高，但鉴于机构投资者的特殊市场地位与作用，机构投资者发挥的作用可能远远超过其持股比例。

表 5 - 10 各变量的描述性统计

描述性统计		GUIMO	BL	DCHIGU	SHARE	JGTZ
全样本	均值	5.3110	0.4009	0.2298	0.2737	0.0471
	中位数	6.0000	0.3846	0.1917	0.2727	0.0220
	标准差	1.4572	0.1024	0.2156	0.1237	0.0644
	最小值	2.0000	0.0714	0.0000	0.0178	0.0000
	最大值	19.0000	0.8333	0.8613	0.6957	0.5322
	样本数	1164	1164	1164	1164	1164
探索式创新	均值	5.2708	0.3995	0.2288	0.2767	0.0483
	中位数	6.0000	0.3846	0.1924	0.2741	0.0230
	标准差	1.4443	0.1024	0.2127	0.1229	0.0657
	最小值	2.0000	0.0714	0.0000	0.0178	0.0000
	最大值	19.0000	0.8333	0.8613	0.6957	0.5322
	样本数	986	986	986	986	986
开发式创新	均值	5.3337	0.4091	0.2352	0.2575	0.0404
	中位数	6.0000	0.4000	0.1873	0.2401	0.0157
	标准差	1.5113	0.1024	0.2317	0.1270	0.0562
	最小值	3.0000	0.1250	0.0000	0.0260	0.0000
	最大值	19.0000	0.6667	0.6860	0.6219	0.3000
	样本数	178	178	178	178	178

2. 相关性检验

为检验模型（4 - 5）~ 模型（4 - 7）、模型（4 - 9）~ 模型（4 - 11）、模型（4 - 13）~ 模型（4 - 15）、模型（4 - 17）~ 模型（4 - 19）、模型（4 - 21）~ 模型（4 - 23）、模型（4 - 25）~ 模型（4 - 27）中各变量是否存在多重共线性问题，本书利用 SPSS 软件对上述模型各主要变量分别进行了 Pearson 相关性检验。相关性检验结果如表 5 - 11 ~ 表 5 - 28 所示。

3. 回归结果分析

表 5 - 29 报告了董事会规模、控制权私有收益和创新之间的回归结果。变量之间是否存在自相关可以通过 Durbin-Watson 的结果判断，可以看出 Durbin-Watson 统计在 2.0 左右，因此可以认为变量之间没有显著的自相关；由于多重共线性检验和自相关检验均已通过，可以认为模型整体具有稳健性，可以使用；并且 F 检验在 1% 的水平上显著，说明回归模型中被解释变量与解释变量之间的线性关系在总体上是显著的。

表 5-11　模型（4-5）各变量间 Pearson 相关性检验结果

变量		RD	PBC	GUMO	ROE	DEBT	SIZE	CF	AGE	HHI
RD	Pearson Correlation	1								
	Sig (2-tailed)									
	N	1164								
PBC	Pearson Correlation	-0.090**	1							
	Sig (2-tailed)	0.002								
	N	1164	1164							
GUMO	Pearson Correlation	-0.016	0.080**	1						
	Sig (2-tailed)	0.586	0.007							
	N	1164	1164	1164						
ROE	Pearson Correlation	-0.078**	-0.001	0.100**	1					
	Sig (2-tailed)	-0.008	0.965	0.001						
	N	1164	1164	1164	1164					
DEBT	Pearson Correlation	-0.273**	0.060*	-0.041	-0.143**	1				
	Sig (2-tailed)	0.000	0.042	0.161	0.000					
	N	1164	164	1164	1164	1164				
SIZE	Pearson Correlation	-0.310**	0.078**	0.035	0.166**	0.500**	1			
	Sig (2-tailed)	0.000	0.008	0.231	0.000	0.000				
	N	1164	1164	1164	1164	1164	1164			
CF	Pearson Correlation	-0.027	0.075*	0.039	0.355**	-0.169**	0.101**	1		
	Sig (2-tailed)	0.362	0.001	0.182	0.000	0.000	0.001			
	N	1164	1164	1164	1164	1164	1164	1164		
AGE	Pearson Correlation	-0.067*	0.005	0.028	-0.072*	0.060*	0.139**	-0.013	1	
	Sig (2-tailed)	0.022	0.875	0.349	0.014	0.042	0.000	0.660		
	N	1164	1164	1164	1164	1164	1164	1164	1164	
HHI	Pearson Correlation	-0.100**	0.043	0.040	0.040	0.065*	-0.008	0.002	-0.128**	1
	Sig (2-tailed)	0.001	0.141	0.172	0.169	0.026	0.787	0.936	0.000	
	N	1164	1164	1164	1164	1164	1164	1164	1164	1164

注：**表示相关性在 0.01 水平上显著（双尾），*表示相关性在 0.05 水平上显著（双尾）。

表 5 – 12　　　　模型（4 – 6）各变量间 Pearson 相关性检验结果

变量		R	PBC	GUIMO	ROE	DEBT	SIZE	CF	AGE	HHI
R	Pearson Correlation	1								
	Sig (2-tailed)									
	N	986								
PBC	Pearson Correlation	0.069*	1							
	Sig (2-tailed)	0.031								
	N	986	986							
GUIMO	Pearson Correlation	0.008	0.043	1						
	Sig (2-tailed)	0.811	0.181							
	N	986	986	986						
ROE	Pearson Correlation	-0.073*	0.020	0.102**	1					
	Sig (2-tailed)	0.021	0.538	0.001						
	N	986	986	986	986					
DEBT	Pearson Correlation	-0.298**	0.068*	-0.035	-0.154**	1				
	Sig (2-tailed)	0.000	0.033	0.270	0.000					
	N	986	986	986	986	986				
SIZE	Pearson Correlation	-0.316**	0.069*	0.049	0.151**	0.498**	1			
	Sig (2-tailed)	0.000	0.030	0.123	0.000	0.000				
	N	986	986	986	986	986	986			
CF	Pearson Correlation	-0.029	0.086**	0.029	0.359**	-0.168**	0.108**	1		
	Sig (2-tailed)	0.364	0.007	0.359	0.000	0.000	0.001			
	N	986	986	986	986	986	986	986		
AGE	Pearson Correlation	-0.092**	-0.023	0.022	-0.074*	0.055	0.155**	-0.020	1	
	Sig (2-tailed)	0.004	0.479	0.496	0.020	0.086	0.000	0.538		
	N	986	986	986	986	986	986	986	986	
HHI	Pearson Correlation	-0.122**	0.078*	0.055	0.051	0.073*	-0.011	0.016	-0.130**	1
	Sig (2-tailed)	0.000	0.014	0.085	0.108	0.021	0.737	0.610	0.000	
	N	986	986	986	986	986	986	986	986	986

注：** 表示相关性在 0.01 水平上显著（双尾），* 表示相关性在 0.05 水平上显著（双尾）。

表 5 - 13　模型（4 - 7）各变量间 Pearson 相关性检验结果

变量		D	PBC	GUIMO	ROE	DEBT	SIZE	CF	AGE	HHI
D	Pearson Correlation	1								
	Sig (2-tailed)									
	N	178								
PBC	Pearson Correlation	-0.210**	1							
	Sig (2-tailed)	0.005								
	N	178	178							
GUIMO	Pearson Correlation	-0.154*	0.227**	1						
	Sig (2-tailed)	0.041	0.002							
	N	178	178	178						
ROE	Pearson Correlation	-0.109	-0.110	0.080	1					
	Sig (2-tailed)	0.148	0.142	0.291						
	N	178	178	178	178					
DEBT	Pearson Correlation	-0.187*	0.050	-0.045	-0.069	1				
	Sig (2-tailed)	0.012	0.505	0.547	0.361					
	N	178	178	178	178	178				
SIZE	Pearson Correlation	-0.300**	0.119	-0.046	0.247**	0.527**	1			
	Sig (2-tailed)	0.000	0.113	0.542	0.001	0.000				
	N	178	178	178	178	178	178			
CF	Pearson Correlation	-0.006	0.023	0.085	0.340**	-0.172*	0.065	1		
	Sig (2-tailed)	0.934	0.764	0.262	0.000	0.022	0.389			
	N	178	178	178	178	178	178	178		
AGE	Pearson Correlation	0.067	0.126	0.067	-0.060	0.071	0.069	0.016	1	
	Sig (2-tailed)	0.377	0.094	0.373	0.429	0.347	0.357	0.830		
	N	178	178	178	178	178	178	178	178	
HHI	Pearson Correlation	0.022	-0.078	-0.018	-0.002	0.037	0.003	-0.048	-0.122	1
	Sig (2-tailed)	0.771	0.298	0.812	0.975	0.622	0.969	0.522	0.104	
	N	178	178	178	178	178	178	178	178	178

注：** 表示相关性在 0.01 水平上显著（双尾），* 表示相关性在 0.05 水平上显著（双尾）。

表 5-14

变量		RD	PBC	BL	ROE	DEBT	SIZE	CF	AGE	HHI
RD	Pearson Correlation	1								
	Sig (2-tailed)									
	N	1164								
PBC	Pearson Correlation	-0.090**	1							
	Sig (2-tailed)	0.002								
	N	1164	1164							
BL	Pearson Correlation	0.42	-0.062*	1						
	Sig (2-tailed)	0.149	0.034							
	N	1164	1164	1164						
ROE	Pearson Correlation	-0.078**	-0.001	-0.038	1					
	Sig (2-tailed)	0.008	0.965	0.199						
	N	1164	1164	1164	1164					
DEBT	Pearson Correlation	-0.273**	0.060*	-0.040	-0.143**	1				
	Sig (2-tailed)	0.000	0.042	0.177	0.000					
	N	1164	1164	1164	1164	1164				
SIZE	Pearson Correlation	-0.310**	0.078**	-0.072*	0.166**	0.500**	1			
	Sig (2-tailed)	0.000	0.008	0.014	0.000	0.000				
	N	1164	1164	1164	1164	1164	1164			
CF	Pearson Correlation	-0.027	0.075*	-0.086**	0.355**	-0.169**	0.101**	1		
	Sig (2-tailed)	0.362	0.011	0.003	0.000	0.000	0.001			
	N	1164	1164	1164	1164	1164	1164	1164		
AGE	Pearson Correlation	-0.067*	0.005	0.011	-0.072*	0.060*	0.139**	-0.013	1	
	Sig (2-tailed)	0.022	0.875	0.710	0.014	0.042	0.000	0.660		
	N	1164	1164	1164	1164	1164	1164	1164	1164	
HHI	Pearson Correlation	-0.100**	0.043	-0.074*	0.040	0.065*	-0.008	0.002	-0.128**	1
	Sig (2-tailed)	0.001	0.141	0.012	0.169	0.026	0.787	0.936	0.000	
	N	1164	1164	1164	1164	1164	1164	1164	1164	1164

模型 (4-9) 各变量间 Pearson 相关性检验结果

注：*** 表示相关性在 0.01 水平上显著（双尾），* 表示相关性在 0.05 水平上显著（双尾）。

表 5 - 15　模型（4 - 10）各变量间 Pearson 相关性检验结果

变量		R	PBC	BL	ROE	DEBT	SIZE	CF	AGE	HHI
R	Pearson Correlation	1								
	Sig（2-tailed）									
	N	986								
PBC	Pearson Correlation	-0.069*	1							
	Sig（2-tailed）	0.031								
	N	986	986							
BL	Pearson Correlation	0.042	-0.053	1						
	Sig（2-tailed）	0.184	0.099							
	N	986	986	986						
ROE	Pearson Correlation	-0.073*	0.020	-0.084**	1					
	Sig（2-tailed）	0.021	0.538	0.008						
	N	986	986	986	986					
DEBT	Pearson Correlation	-0.298**	0.068*	-0.043	-0.154**	1				
	Sig（2-tailed）	0.000	0.033	0.177	0.000					
	N	986	986	986	986	986				
SIZE	Pearson Correlation	-0.316**	0.069*	-0.083**	0.151**	0.498**	1			
	Sig（2-tailed）	0.000	0.030	0.009	0.000	0.000				
	N	986	986	986	986	986	986			
CF	Pearson Correlation	-0.029	0.086**	-0.075*	0.359**	-0.168**	0.108**	1		
	Sig（2-tailed）	0.364	0.007	0.019	0.000	0.000	0.001			
	N	986	986	986	986	986	986	986		
AGE	Pearson Correlation	-0.092**	-0.023	0.022	-0.074*	0.055	0.155**	-0.020	1	
	Sig（2-tailed）	0.004	0.479	0.493	0.020	0.086	0.000	0.538		
	N	986	986	986	986	986	986	986	986	
HHI	Pearson Correlation	-0.122**	0.078*	-0.094**	0.051	0.073*	-0.011	0.016	-0.130**	1
	Sig（2-tailed）	0.000	0.014	0.003	0.108	0.021	0.737	0.610	0.000	
	N	986	986	986	986	986	986	986	986	986

注：** 表示相关性在 0.01 水平上显著（双尾），* 表示相关性在 0.05 水平上显著（双尾）。

表5-16 模型（4-11）各变量间 Pearson 相关性检验结果

变量		D	PBC	BL	ROE	DEBT	SIZE	CF	AGE	HHI
D	Pearson Correlation	1								
	Sig (2-tailed)									
	N	178								
PBC	Pearson Correlation	-0.210**	1							
	Sig (2-tailed)	0.005								
	N	178	178							
BL	Pearson Correlation	0.100	-0.123	1						
	Sig (2-tailed)	0.183	0.101							
	N	178	178	178						
ROE	Pearson Correlation	-0.109	-0.110	0.210**	1					
	Sig (2-tailed)	0.148	0.142	0.005						
	N	178	178	178	178					
DEBT	Pearson Correlation	-0.187*	0.050	-0.003	-0.069	1				
	Sig (2-tailed)	0.012	0.505	0.965	0.361					
	N	178	178	178	178	178				
SIZE	Pearson Correlation	-0.300**	0.119	-0.012	0.247**	0.527**	1			
	Sig (2-tailed)	0.000	0.113	0.876	0.001	0.000				
	N	178	178	178	178	178	178			
CF	Pearson Correlation	-0.006	0.023	-0.144	0.340**	-0.172*	0.065	1		
	Sig (2-tailed)	0.934	0.764	0.055	0.000	0.022	0.389			
	N	178	178	178	178	178	178	178		
AGE	Pearson Correlation	0.067	0.126	-0.032	-0.060	0.071	0.069	0.016	1	
	Sig (2-tailed)	0.377	0.094	0.674	0.429	0.347	0.357	0.830		
	N	178	178	178	178	178	178	178	178	
HHI	Pearson Correlation	0.022	-0.078	0.005	-0.002	0.037	0.003	-0.048	-0.122	1
	Sig (2-tailed)	0.771	0.298	0.949	0.975	0.622	0.969	0.522	0.104	
	N	178	178	178	178	178	178	178	178	178

注：** 表示相关性在 0.01 水平上显著（双尾），* 表示相关性在 0.05 水平上显著（双尾）。

表 5 – 17　　　　　　　模型（4 – 13）各变量间 Pearson 相关性检验结果

变量		RD	PBC	DCHIGU	ROE	DEBT	SIZE	CF	AGE	HHI
RD	Pearson Correlation	1								
	Sig (2-tailed)									
	N	1164								
PBC	Pearson Correlation	-0.090**	1							
	Sig (2-tailed)	0.002								
	N	1164	1164							
DCHIGU	Pearson Correlation	0.076**	-0.420**	1						
	Sig (2-tailed)	0.009	0.000							
	N	1164	1164	1164						
ROE	Pearson Correlation	-0.078**	-0.001	0.115**	1					
	Sig (2-tailed)	0.008	0.965	0.000						
	N	1164	1164	1164	1164					
DEBT	Pearson Correlation	-0.273**	0.060*	-0.160**	-0.143**	1				
	Sig (2-tailed)	0.000	0.042	0.000	0.000					
	N	1164	1164	1164	1164	1164				
SIZE	Pearson Correlation	-0.310**	0.078**	-0.075*	0.166**	0.500**	1			
	Sig (2-tailed)	0.000	0.008	0.011	0.000	0.000				
	N	1164	1164	1164	1164	1164	1164			
CF	Pearson Correlation	-0.027	0.075*	-0.004	0.355**	-0.169**	0.101**	1		
	Sig (2-tailed)	0.362	0.011	0.883	0.000	0.000	0.001			
	N	1164	1164	1164	1164	1164	1164	1164		
AGE	Pearson Correlation	-0.067*	0.005	-0.023	-0.072*	0.060*	0.139**	-0.013	1	
	Sig (2-tailed)	0.022	0.875	0.440	0.014	0.042	0.000	0.660		
	N	1164	1164	1164	1164	1164	1164	1164	1164	
HHI	Pearson Correlation	-0.100**	0.043	-0.034	0.040	0.065*	-0.008	0.002	-0.128**	1
	Sig (2-tailed)	0.001	0.141	0.243	0.169	0.026	0.787	0.936	0.000	
	N	1164	1164	1164	1164	1164	1164	1164	1164	1164

注：** 表示相关性在 0.01 水平上显著（双尾），* 表示相关性在 0.05 水平上显著（双尾）。

表5-18　　　　模型（4-14）各变量间Pearson相关性检验结果

变量		R	PBC	DCHIGU	ROE	DEBT	SIZE	CF	AGE	HHI
R	Pearson Correlation	1								
	Sig (2-tailed)									
	N	986								
PBC	Pearson Correlation	-0.069*	1							
	Sig (2-tailed)	0.031								
	N	986	986							
DCHIGU	Pearson Correlation	0.095**	-0.398**	1						
	Sig (2-tailed)	0.003	0.000							
	N	986	986	986						
ROE	Pearson Correlation	-0.073*	0.020	0.106**	1					
	Sig (2-tailed)	0.021	0.538	0.001						
	N	986	986	986	986					
DEBT	Pearson Correlation	-0.298**	0.068*	-0.154**	-0.154**	1				
	Sig (2-tailed)	0.000	0.033	0.000	0.000					
	N	986	986	986	986	986				
SIZE	Pearson Correlation	-0.316**	0.069*	-0.078*	0.151**	0.498**	1			
	Sig (2-tailed)	0.000	0.030	0.014	0.000	0.000				
	N	986	986	986	986	986	986			
CF	Pearson Correlation	-0.029	0.086**	-0.022	0.359**	-0.168**	0.108**	1		
	Sig (2-tailed)	0.364	0.007	0.482	0.000	0.000	0.001			
	N	986	986	986	986	986	986	986		
AGE	Pearson Correlation	-0.092**	-0.023	-0.024	-0.074*	0.055	0.155**	-0.020	1	
	Sig (2-tailed)	0.004	0.479	0.451	0.020	0.086	0.000	0.538		
	N	986	986	986	986	986	986	986	986	
HHI	Pearson Correlation	-0.122**	0.078*	-0.032	0.051	0.073*	-0.011	0.016	-0.130**	1
	Sig (2-tailed)	0.000	0.014	0.315	0.108	0.021	0.737	0.610	0.000	
	N	986	986	986	986	986	986	986	986	986

注：**表示相关性在0.01水平上显著（双尾），*表示相关性在0.05水平上显著（双尾）。

表 5 - 19　模型（4 - 15）各变量间 Pearson 相关性检验结果

变量		D	PBC	DCHIGU	ROE	DEBT	SIZE	CF	AGE	HHI
D	Pearson Correlation	1								
	Sig (2-tailed)									
	N	178								
PBC	Pearson Correlation	-0.210**	1							
	Sig (2-tailed)	0.005								
	N	178	178							
DCHIGU	Pearson Correlation	-0.061	-0.525**	1						
	Sig (2-tailed)	0.420	0.000							
	N	178	178	178						
ROE	Pearson Correlation	-0.109	-0.110	0.158*	1					
	Sig (2-tailed)	0.148	0.142	0.035						
	N	178	178	178	178					
DEBT	Pearson Correlation	-0.187*	0.050	-0.197**	-0.069	1				
	Sig (2-tailed)	0.012	0.505	0.008	0.361					
	N	178	178	178	178	178				
SIZE	Pearson Correlation	-0.300**	0.119	-0.056	0.247**	0.527**	1			
	Sig (2-tailed)	0.000	0.113	0.456	0.001	0.000				
	N	178	178	178	178	178	178			
CF	Pearson Correlation	-0.006	0.023	0.079	0.340**	-0.172*	0.065	1		
	Sig (2-tailed)	0.934	0.764	0.297	0.000	0.022	0.389			
	N	178	178	178	178	178	178	178		
AGE	Pearson Correlation	0.067	0.126	-0.015	-0.060	0.071	0.069	0.016	1	
	Sig (2-tailed)	0.377	0.094	0.845	0.429	0.347	0.357	0.830		
	N	178	178	178	178	178	178	178	178	
HHI	Pearson Correlation	0.022	-0.078	-0.043	-0.002	0.037	0.003	-0.048	-0.122	1
	Sig (2-tailed)	0.771	0.298	0.566	0.975	0.622	0.969	0.522	0.104	
	N	178	178	178	178	178	178	178	178	178

注：** 表示相关性在 0.01 水平上显著（双尾），* 表示相关性在 0.05 水平上显著（双尾）。

表5-20　　　　　模型 (4-17) 各变量间 Pearson 相关性检验结果

变量		RD	PBC	SHARE	ROE	DEBT	SIZE	CF	AGE	HHI
RD	Pearson Correlation	1								
	Sig (2-tailed)									
	N	1164								
PBC	Pearson Correlation	-0.090**	1							
	Sig (2-tailed)	0.002								
	N	1164	1164							
SHARE	Pearson Correlation	0.046	-0.124**	1						
	Sig (2-tailed)	0.119	0.000							
	N	1164	1164	1164						
ROE	Pearson Correlation	-0.078**	-0.001	0.072*	1					
	Sig (2-tailed)	0.008	0.965	0.014						
	N	1164	1164	1164	1164					
DEBT	Pearson Correlation	-0.273**	0.060*	-0.112**	-0.143**	1				
	Sig (2-tailed)	0.000	0.042	0.000	0.000					
	N	1164	1164	1164	1164	1164				
SIZE	Pearson Correlation	-0.310**	0.078**	-0.094**	0.166**	0.500**	1			
	Sig (2-tailed)	0.000	0.008	0.001	0.000	0.000				
	N	1164	1164	1164	1164	1164	1164			
CF	Pearson Correlation	-0.027	0.075*	0.044	0.355**	-0.169**	0.101**	1		
	Sig (2-tailed)	0.362	0.011	0.130	0.000	0.000	0.001			
	N	1164	1164	1164	1164	1164	1164	1164		
AGE	Pearson Correlation	-0.067*	0.005	-0.137**	-0.072*	0.060*	0.139**	-0.013	1	
	Sig (2-tailed)	0.022	0.875	0.000	0.014	0.042	0.000	0.660		
	N	1164	1164	1164	1164	1164	1164	1164	1164	
HHI	Pearson Correlation	-0.100**	0.043	0.007	0.040	0.065*	-0.008	0.002	-0.128**	1
	Sig (2-tailed)	0.001	0.141	0.819	0.169	0.026	0.787	0.936	0.000	
	N	1164	1164	1164	1164	1164	1164	1164	1164	1164

注：*** 表示相关性在 0.01 水平上显著（双尾），* 表示相关性在 0.05 水平上显著（双尾）。

表 5 – 21　模型（4 – 18）各变量间 Pearson 相关性检验结果

变量		R	PBC	SHARE	ROE	DEBT	SIZE	CF	AGE	HHI
R	Pearson Correlation	1								
	Sig (2-tailed)									
	N	986								
PBC	Pearson Correlation	-0.069*	1							
	Sig (2-tailed)	0.031								
	N	986	986							
SHARE	Pearson Correlation	0.054	-0.141**	1						
	Sig (2-tailed)	0.091	0.000							
	N	986	986	986						
ROE	Pearson Correlation	-0.073*	0.020	0.091**	1					
	Sig (2-tailed)	0.021	0.538	0.004						
	N	986	986	986	986					
DEBT	Pearson Correlation	-0.298**	0.068*	-0.126**	-0.154**	1				
	Sig (2-tailed)	0.000	0.033	0.000	0.000					
	N	986	986	986	986	986				
SIZE	Pearson Correlation	-0.316**	0.069*	-0.094**	0.151**	0.498**	1			
	Sig (2-tailed)	0.000	0.030	0.003	0.000	0.000				
	N	986	986	986	986	986	986			
CF	Pearson Correlation	-0.029	0.086**	0.057	0.359**	-0.168**	0.108**	1		
	Sig (2-tailed)	0.364	0.007	0.073	0.000	0.000	0.001			
	N	986	986	986	986	986	986	986		
AGE	Pearson Correlation	-0.092**	-0.023	-0.171**	-0.074*	0.055	0.155**	-0.020	1	
	Sig (2-tailed)	0.004	0.479	0.000	0.020	0.086	0.000	0.538		
	N	986	986	986	986	986	986	986	986	
HHI	Pearson Correlation	-0.122**	0.078*	0.018	0.051	0.073*	-0.011	0.016	-0.130**	1
	Sig (2-tailed)	0.000	0.014	0.581	0.108	0.021	0.737	0.610	0.000	
	N	986	986	986	986	986	986	986	986	986

注：** 表示相关性在 0.01 水平上显著（双尾）， * 表示相关性在 0.05 水平上显著（双尾）。

表5-22　模型（4-19）各变量间 Pearson 相关性检验结果

变量		D	PBC	SHARE	ROE	DEBT	SIZE	CF	AGE	HHI
D	Pearson Correlation	1								
	Sig (2-tailed)									
	N	178								
PBC	Pearson Correlation	-0.210**	1							
	Sig (2-tailed)	0.005								
	N	178	178							
SHARE	Pearson Correlation	-0.096	-0.029	1						
	Sig (2-tailed)	0.200	0.698							
	N	178	178	178						
ROE	Pearson Correlation	-0.109	-0.110	-0.021	1					
	Sig (2-tailed)	0.148	0.142	0.781						
	N	178	178	178	178					
DEBT	Pearson Correlation	-0.187*	0.050	-0.061	-0.069	1				
	Sig (2-tailed)	0.012	0.505	0.415	0.361					
	N	178	178	178	178	178				
SIZE	Pearson Correlation	-0.300**	0.119	-0.090	0.247**	0.527**	1			
	Sig (2-tailed)	0.000	0.113	0.230	0.001	0.000				
	N	178	178	178	178	178	178			
CF	Pearson Correlation	-0.006	0.023	-0.014	0.340**	-0.172*	0.065	1		
	Sig (2-tailed)	0.934	0.764	0.854	0.000	0.022	0.389			
	N	178	178	178	178	178	178	178		
AGE	Pearson Correlation	0.067	0.126	0.002	-0.060	0.071	0.069	0.016	1	
	Sig (2-tailed)	0.377	0.094	0.976	0.429	0.347	0.357	0.830		
	N	178	178	178	178	178	178	178	178	
HHI	Pearson Correlation	0.022	-0.078	-0.034	-0.002	0.037	0.003	-0.048	-0.122	1
	Sig (2-tailed)	0.771	0.298	0.655	0.975	0.622	0.969	0.522	0.104	
	N	178	178	178	178	178	178	178	178	178

注：**表示相关性在0.01水平上显著（双尾），*表示相关性在0.05水平上显著（双尾）。

表 5－23　模型（4－21）各变量间 Pearson 相关性检验结果

变量		RD	PBC	JGTZ	ROE	DEBT	SIZE	CF	AGE	HHI
RD	Pearson Correlation	1								
	Sig (2-tailed)									
	N	1164								
PBC	Pearson Correlation	-0.090**	1							
	Sig (2-tailed)	0.002								
	N	1164	1164							
JGTZ	Pearson Correlation	0.096**	-0.018	1						
	Sig (2-tailed)	0.001	0.542							
	N	1164	1164	1164						
ROE	Pearson Correlation	-0.078**	-0.001	0.231**	1					
	Sig (2-tailed)	0.008	0.965	0.000						
	N	1164	1164	1164	1164					
DEBT	Pearson Correlation	-0.273**	0.060*	0.054	-0.143**	1				
	Sig (2-tailed)	0.000	0.042	0.065	0.000					
	N	1164	1164	1164	1164	1164				
SIZE	Pearson Correlation	-0.310**	0.078**	0.203**	0.166**	0.500**	1			
	Sig (2-tailed)	0.000	0.008	0.000	0.000	0.000				
	N	1164	1164	1164	1164	1164	1164			
CF	Pearson Correlation	-0.027	0.075*	0.125**	0.355**	-0.169**	0.101**	1		
	Sig (2-tailed)	0.362	0.011	0.000	0.000	0.000	0.001			
	N	1164	1164	1164	1164	1164	1164	1164		
AGE	Pearson Correlation	-0.067*	0.005	-0.022	-0.072*	0.060*	0.139**	-0.013	1	
	Sig (2-tailed)	0.022	0.875	0.444	0.014	0.042	0.000	0.660		
	N	1164	1164	1164	1164	1164	1164	1164	1164	
HHI	Pearson Correlation	-0.100**	0.043	-0.025	0.040	0.065*	-0.008	0.002	-0.128**	1
	Sig (2-tailed)	0.001	0.141	0.403	0.169	0.026	0.787	0.936	0.000	
	N	1164	1164	1164	1164	1164	1164	1164	1164	1164

注：** 表示相关性在 0.01 水平上显著（双尾），* 表示相关性在 0.05 水平上显著（双尾）。

表5-24　　　　　　模型（4-22）各变量间 Pearson 相关性检验结果

变量		R	PBC	JGTZ	ROE	DEBT	SIZE	CF	AGE	HHI
R	Pearson Correlation Sig (2-tailed) N	1 986								
PBC	Pearson Correlation Sig (2-tailed) N	-0.069* 0.031 986	1 986							
JGTZ	Pearson Correlation Sig (2-tailed) N	0.103** 0.001 986	-0.022 0.493 986	1 986						
ROE	Pearson Correlation Sig (2-tailed) N	-0.073* 0.021 986	0.020 0.538 986	0.224** 0.000 986	1 986					
DEBT	Pearson Correlation Sig (2-tailed) N	-0.298** 0.000 986	0.068* 0.033 986	0.040 0.210 986	-0.154** 0.000 986	1 986				
SIZE	Pearson Correlation Sig (2-tailed) N	-0.316** 0.000 986	0.069* 0.030 986	0.199** 0.000 986	0.151** 0.000 986	0.498** 0.000 986	1 986			
CF	Pearson Correlation Sig (2-tailed) N	-0.029 0.364 986	0.086** 0.007 986	0.123** 0.000 986	0.359** 0.000 986	-0.168** 0.000 986	0.108** 0.001 986	1 986		
AGE	Pearson Correlation Sig (2-tailed) N	-0.092** 0.004 986	-0.023 0.479 986	-0.034 0.293 096	-0.074* 0.020 986	0.055 0.086 986	0.155** 0.000 986	-0.020 0.538 986	1 986	
HHI	Pearson Correlation Sig (2-tailed) N	-0.122** 0.000 986	0.078* 0.014 986	-0.010 0.750 986	0.051 0.108 986	0.073* 0.021 986	-0.011 0.737 986	0.016 0.610 986	-0.130** 0.000 986	1 986

注：** 表示相关性在 0.01 水平上显著（双尾），* 表示相关性在 0.05 水平上显著（双尾）。

表 5 - 25　模型（4 - 23）各变量间 Pearson 相关性检验结果

变量		D	PBC	JGTZ	ROE	DEBT	SIZE	CF	AGE	HHI
D	Pearson Correlation	1								
	Sig（2-tailed）									
	N	178								
PBC	Pearson Correlation	-0.210**	1							
	Sig（2-tailed）	0.005								
	N	178	178							
JGTZ	Pearson Correlation	-0.038	0.024	1						
	Sig（2-tailed）	0.612	0.755							
	N	178	178	178						
ROE	Pearson Correlation	-0.109	-0.110	0.289**	1					
	Sig（2-tailed）	0.148	0.142	0.000						
	N	178	178	178	178					
DEBT	Pearson Correlation	-0.187*	0.050	0.130	-0.069	1				
	Sig（2-tailed）	0.012	0.505	0.084	0.361					
	N	178	178	178	178	178				
SIZE	Pearson Correlation	-0.300**	0.119	0.237**	0.247**	0.527**	1			
	Sig（2-tailed）	0.000	0.113	0.001	0.001	0.000				
	N	178	178	178	178	178	178			
CF	Pearson Correlation	-0.006	0.023	0.140	0.340**	-0.172*	0.065	1		
	Sig（2-tailed）	0.934	0.764	0.062	0.000	0.022	0.389			
	N	178	178	178	178	178	178	178		
AGE	Pearson Correlation	0.067	0.126	0.025	-0.060	0.071	0.069	0.016	1	
	Sig（2-tailed）	0.377	0.094	0.742	0.429	0.347	0.357	0.830		
	N	178	178	178	178	178	178	178	178	
HHI	Pearson Correlation	0.022	-0.078	-0.093	-0.002	0.037	0.003	-0.048	-0.122	1
	Sig（2-tailed）	0.771	0.298	0.216	0.975	0.622	0.969	0.522	0.104	
	N	178	178	178	178	178	178	178	178	178

注：** 表示相关性在 0.01 水平上显著（双尾），* 表示相关性在 0.05 水平上显著（双尾）。

表 5-26　模型（4-25）各变量间 Pearson 相关性检验结果

变量		RD	PBC	GOV	ROE	DEBT	SIZE	CF	AGE	HHI
RD	Pearson Correlation	1								
	Sig (2-tailed)									
	N	1164								
PBC	Pearson Correlation	-0.090**	1							
	Sig (2-tailed)	0.002								
	N	1164	1164							
GOV	Pearson Correlation	0.039	-0.157**	1						
	Sig (2-tailed)	0.183	0.000							
	N	1164	1164	1164						
ROE	Pearson Correlation	-0.078**	-0.001	0.171**	1					
	Sig (2-tailed)	0.008	0.965	0.000						
	N	1164	1164	1164	1164					
DEBT	Pearson Correlation	-0.273**	0.060*	-0.115**	-0.143**	1				
	Sig (2-tailed)	0.000	0.042	0.000	0.000					
	N	1164	1164	1164	1164	1164				
SIZE	Pearson Correlation	-0.310**	0.078**	-0.006	0.166**	0.500**	1			
	Sig (2-tailed)	0.000	0.008	0.832	0.000	0.000				
	N	1164	1164	1164	1164	1164	1164			
CF	Pearson Correlation	-0.027	0.075*	0.088**	0.355**	-0.169**	0.101**	1		
	Sig (2-tailed)	0.362	0.011	0.003	0.000	0.000	0.001			
	N	1164	1164	1164	1164	1164	1164	1164		
AGE	Pearson Correlation	-0.067*	0.005	-0.072*	-0.072*	0.060*	0.139**	-0.013	1	
	Sig (2-tailed)	0.022	0.875	0.015	0.014	0.042	0.000	0.660		
	N	1164	1164	1164	1164	1164	1164	1164	1164	
HHI	Pearson Correlation	-0.100**	0.043	0.036	0.040	0.065*	-0.008	0.002	-0.128**	1
	Sig (2-tailed)	0.001	0.141	0.224	0.169	0.026	0.787	0.936	0.000	
	N	1164	1164	1164	1164	1164	1164	1164	1164	1164

注：** 表示相关性在 0.01 水平上显著（双尾），* 表示相关性在 0.05 水平上显著（双尾）。

表 5－27　模型（4－26）各变量间 Pearson 相关性检验结果

变量		R	PBC	GOV	ROE	DEBT	SIZE	CF	AGE	HHI
R	Pearson Correlation	1								
	Sig (2-tailed)									
	N	986								
PBC	Pearson Correlation	-0.069*	1							
	Sig (2-tailed)	0.031								
	N	986	986							
GOV	Pearson Correlation	0.062	-0.177**	1						
	Sig (2-tailed)	0.051	0.000							
	N	986	986	986						
ROE	Pearson Correlation	-0.073*	0.020	0.194**	1					
	Sig (2-tailed)	0.021	0.538	0.000						
	N	986	986	986	986					
DEBT	Pearson Correlation	-0.298**	0.068*	-0.116**	-0.154**	1				
	Sig (2-tailed)	0.000	0.033	0.000	0.000					
	N	986	986	986	986	986				
SIZE	Pearson Correlation	-0.316**	0.069*	0.004	0.151**	0.498**	1			
	Sig (2-tailed)	0.000	0.030	0.903	0.000	0.000				
	N	986	986	986	986	986	986			
CF	Pearson Correlation	-0.029	0.086**	0.079*	0.359**	-0.168**	0.108**	1		
	Sig (2-tailed)	0.364	0.007	0.013	0.000	0.000	0.001			
	N	986	986	986	986	986	986	986		
AGE	Pearson Correlation	-0.092**	-0.023	-0.097**	-0.074*	0.055	0.155**	-0.020	1	
	Sig (2-tailed)	0.004	0.479	0.002	0.020	0.086	0.000	0.538		
	N	986	986	986	986	986	986	986	986	
HHI	Pearson Correlation	-0.122**	0.078*	0.059	0.051	0.073*	-0.011	0.016	-0.130**	1
	Sig (2-tailed)	0.000	0.014	0.066	0.108	0.021	0.737	0.610	0.000	
	N	986	986	986	986	986	986	986	986	986

注：** 表示相关性在 0.01 水平上显著（双尾），* 表示相关性在 0.05 水平上显著（双尾）。

表 5 - 28 模型（4 - 27）各变量间 Pearson 相关性检验结果

变量		D	PBC	GOV	ROE	DEBT	SIZE	CF	AGE	HHI
D	Pearson Correlation	1								
	Sig (2-tailed)									
	N	178								
PBC	Pearson Correlation	-0.210**	1							
	Sig (2-tailed)	0.005								
	N	178	178							
GOV	Pearson Correlation	-0.199**	-0.058	1						
	Sig (2-tailed)	0.008	0.438							
	N	178	178	178						
ROE	Pearson Correlation	-0.109	-0.110	0.044	1					
	Sig (2-tailed)	0.148	0.142	0.562						
	N	178	178	178	178					
DEBT	Pearson Correlation	-0.187*	0.050	-0.121	-0.069	1				
	Sig (2-tailed)	0.012	0.505	0.108	0.361					
	N	178	178	178	178	178				
SIZE	Pearson Correlation	-0.300**	0.119	-0.065	0.247**	0.527**	1			
	Sig (2-tailed)	0.000	0.113	0.388	0.001	0.000				
	N	178	178	178	178	178	178			
CF	Pearson Correlation	-0.006	0.023	0.139	0.340**	-0.172*	0.065	1		
	Sig (2-tailed)	0.934	0.764	0.064	0.000	0.022	0.389			
	N	178	178	178	178	178	178	178		
AGE	Pearson Correlation	0.067	0.126	0.045	-0.060	0.071	0.069	0.016	1	
	Sig (2-tailed)	0.377	0.094	0.548	0.429	0.347	0.357	0.830		
	N	178	178	178	178	178	178	178	178	
HHI	Pearson Correlation	0.022	-0.078	-0.057	-0.002	0.037	0.003	-0.048	-0.122	1
	Sig (2-tailed)	0.771	0.298	0.451	0.975	0.622	0.969	0.522	0.104	
	N	178	178	178	178	178	178	178	178	178

注：** 表示相关性在 0.01 水平上显著（双尾），* 表示相关性在 0.05 水平上显著（双尾）。

表 5 – 29　　　　　　　　　　　董事会规模的调节作用

变量	创新投入	探索式创新	开发式创新
Constant	0. 2938 ***	0. 3007 ***	0. 2190 ***
	(9. 0524)	(8. 2942)	(3. 9857)
PBC	− 0. 0098	0. 0311 **	− 0. 1778 *
	(− 0. 1353)	(2. 3457)	(1. 5989)
GUIMO	0. 0002	0. 0009	− 0. 0044 **
	(0. 2097)	(0. 7711)	(− 2. 0503)
PBC × GUIMO	0. 0049	− 0. 0016 *	0. 0212
	(0. 3801)	(− 1. 9099)	(1. 1321)
ROE	− 0. 0288 **	− 0. 0330 **	− 0. 0212
	(− 2. 1458)	(− 2. 1763)	(− 1. 0054)
DEBT	− 0. 0478 ***	− 0. 0584 ***	− 0. 0119
	(− 5. 0497)	(− 5. 4902)	(− 0. 7644)
SIZE	− 0. 0099 ***	− 0. 0098 ***	− 0. 0072 ***
	(− 6. 0049)	(− 5. 2803)	(− 2. 6627)
CF	− 0. 0057	− 0. 0107	0. 0162
	(− 0. 2613)	(− 0. 4220)	(0. 5303)
AGE	− 0. 0004	− 0. 0008 **	0. 0004
	(− 1. 5664)	(− 2. 4183)	(1. 1336)
HHI	− 0. 0543 ***	− 0. 0768 ***	0. 0036
	(− 3. 2348)	(− 3. 7841)	(0. 1805)
R-squared	0. 1322	0. 1492	0. 1634
Adjusted R-squared	0. 1254	0. 1413	0. 1186
Durbin-Watson stat	2. 0039	1. 9755	1. 7949
F-statistic	19. 5259 ***	19. 0117 ***	3. 6468 ***

注：括号里是 T 检验值。***、**、* 分别代表1%、5%、10%的显著性水平。

　　当因变量为创新投入和开发式创新时，控制权私有收益与董事会规模的交乘项（PBC × GUIMO）系数为正，但不显著，说明董事会规模可以在一定程度上弱化控制权私有收益与创新投入之间的负向关系，董事会规模可以在一定程度上弱化控制权私有收益与开发式创新之间的负向关系，但不能完全阻止控制权私有收益对研发创新投入的阻碍作用，也不能完全阻止控制权私有收益对开发式创新的阻碍作用。当因变量为探索式创新时，控制权私有收益与董事会规模的交乘项（$PBC \times GUIMO$）系数为负，在 10% 的水平上显著，这说明董事会规模还是发挥了公司治理的作用，当控股股东为了扩大私有收益而增加探索式创新时，董事会规模的加大可以使必需的专业技术知识、管理知识以及财务知识等在董事会内部实现更好的互补，投资决策过程中吸收各种不同的意见，减少投资风险。

另外，基于社会心理学的群体决策理论，随着群体规模的扩大会产生意见的多元化，不同个体之间对问题的看法异质性增强，彼此之间达成共识的难度提高，沟通成本显著提高。这样导致极端决策很难达成一致，风险更高的项目往往不被接受。群体决策最终是相互妥协的结果，是每一个个体多元化观点的折中方案，表现为离散程度较低，风险可控（Sah & Stiglitz，1991）。因此，规模较大的董事会倾向于选择风险相对较小的项目，董事会规模与企业风险承担显著负相关（郑晓倩，2015；苏坤，2016），这也可以解释董事会规模对控制权私有收益与探索式创新显著的负向调节作用，与开发式创新的正向调节作用，只是这种正向作用并不显著。

表 5 - 30 报告了独立董事比例、控制权私有收益和创新之间的回归结果。变量之间是否存在自相关可以通过 Durbin-Watson 的结果判断，可以看出 Durbin-Watson 统计在 2.0 左右，因此，可以认为变量之间没有显著的自相关；由于多重共线性检验和自相关检验均已通过，可以认为模型整体具有稳健性，可以使用；并且 F 检验在 1% 的水平上显著，说明回归模型中被解释变量与解释变量之间的线性关系在总体上是显著的。

表 5 - 30　　　　　　　　　　　　独立董事的调节作用

变量	创新投入	探索式创新	开发式创新
Constant	0.2969 *** (8.8665)	0.3071 *** (8.1493)	0.1747 *** (3.1791)
PBC	− 0.0943 * (− 1.8015)	0.0641 (1.7060)	− 0.1249 (− 1.4328)
BL	− 0.0013 (− 0.0916)	− 0.0030 (0.1862)	0.0209 (0.8383)

续表

变量	创新投入	探索式创新	开发式创新
$PBC \times BL$	0.1467 (0.8219)	− 0.1075 ** (2.4799)	0.1558 (0.7365)
ROE	− 0.0296 ** (− 2.2099)	− 0.0317 ** (− 2.0931)	− 0.0334 (− 1.5101)
DEBT	− 0.0477 *** (− 5.0453)	− 0.0586 *** (− 5.5195)	− 0.0112 (− 0.7194)
SIZE	− 0.0100 *** (− 6.0318)	− 0.0099 *** (− 5.2724)	− 0.0067 ** (− 2.4793)
CF	− 0.0045 (− 0.2031)	− 0.0112 (− 0.4430)	0.0255 (0.7990)
AGE	− 0.0004 (− 1.6175)	− 0.0008 ** (− 2.3929)	0.0005 (1.5048)
HHI	− 0.0536 *** (− 3.1923)	− 0.0750 *** (− 3.6920)	0.0079 (0.3957)
R-squared	0.1326	0.1486	0.1536
Adjusted R-squared	0.1259	0.1408	0.1082
Durbin-Watson stat	2.0072	1.9793	1.7572
F-statistic	19.6048 ***	18.9333 ***	3.3871 ***

注：括号里是 T 检验值。*** 、** 、* 分别代表 1%、5%、10% 的显著性水平。

当因变量为创新投入时，控制权私有收益与独立董事比例的交乘项（$PBC \times BL$）系数为正，但不显著，这说明企业研发创新投入的决策权和建议权可能由具有研发背景的董事掌握，其他董事由于对研发创新相应知识的缺乏，在涉及到企业研发创新决策时，会采取谨慎的态度而与具有技术与研发背景的董事保持一致。因此，当控股股东为了私有收益而减少创新投入时，独立董事对企业经营决策的指导和修正作用有限。当因变量为探索式创新时，控制权私有收益与独立董事比例的交乘项（$PBC \times BL$）系数为负，在 5% 的水平上显著，这说明独立董事还是可以发挥对企业的监督作用，当控股股东为了私有收益而盲目扩大探索式创新时，独立董事可以有效地避免公司盲目推出高风险项目。正如孙永祥和章融（2000）研究发现当董事会中存在外部董事时，外部董事为了保全自己的声誉，通常会选择稳健经营，对那些风险较大但使企业受益的项目也会持否定意见。当因变量为开发式创新时，控制权私有收益与独立董事比例的交乘项（$PBC \times BL$）系数为正，但不显著，这说明独立董事可以在一定程度上弱化控制权私有收益与开发式创新之间的负向关系，但不能完全阻止控制权私有收益对开发式创新的阻碍作用，这意味着对于风险较低的项目，独立董事可能认为并非是监督的重点，独立董事可能更多听从于控股股东的意见，没有发挥有效的作用。

表 5 - 31 报告了董事会持股、控制权私有收益和创新之间的回归结果。变量之间是否存在自相关可以通过 Durbin-Watson 的结果判断，可以看出 Durbin-Watson 统计在 2.0 左右，因此可以认为变量之间没有显著的自相关；由于多重共线性检验和自相关检验均已通过，可以认为模型整体具有稳健性，可以使用；并且 F 检验在 1% 的水平上显著，说明回归模型中被解释变量与解释变量之间的线性关系在总体上是显著的。

表 5 - 31   **董事会持股的调节作用**

变量	创新投入	探索式创新	开发式创新
Constant	0.2940 *** (9.1088)	0.3019 *** (8.3425)	0.1832 *** (3.4567)
PBC	- 0.0508 ** (- 2.3810)	0.0249 (0.9971)	- 0.1126 *** (- 3.8478)
DCHIGU	0.0003 ** (2.0414)	0.0332 *** (3.0776)	0.0081 (0.9885)
PBC × DCHIGU	0.2401 * (1.7960)	- 0.1814 (- 1.2416)	0.0009 (0.0028)
ROE	- 0.0307 ** (- 2.2860)	- 0.0346 ** (- 2.2802)	- 0.0173 (- 0.8389)
DEBT	- 0.0477 *** (- 5.0218)	- 0.0571 *** (- 5.3608)	- 0.0218 (- 1.3829)
SIZE	- 0.0099 *** (- 6.0212)	- 0.0098 *** (- 5.3063)	- 0.0061 ** (- 2.2650)
CF	- 0.0033 (- 0.1517)	- 0.0080 (- 0.3148)	0.0143 (0.4722)

续表

变量	创新投入	探索式创新	开发式创新
AGE	− 0. 0004	− 0. 0007 **	0. 0006 *
	(− 1. 4424)	(− 2. 2546)	(1. 7448)
HHI	− 0. 0552 ***	− 0. 0763 ***	0. 0015
	(− 3. 3014)	(− 3. 7779)	(0. 0761)
R-squared	0. 1346	0. 1516	0. 1881
Adjusted R-squared	0. 1279	0. 1438	0. 1446
Durbin-Watson stat	2. 0181	1. 9924	1. 8111
F-statistic	19. 9531 ***	19. 3750 ***	4. 3238 ***

注: 括号里是 T 检验值。*** 、** 、* 分别代表 1% 、5% 、10% 的显著性水平。

当因变量为创新投入时, 控制权私有收益与董事会持股比例的交乘项 ($PBC \times DCHIGU$) 系数为正, 在 10% 的水平上显著, 这说明董事会持股有助于克服董事会在企业战略决策中的"短视"行为, 促使董事会与股东在战略决策时风险偏好趋同, 当控股股东为了谋求私有收益最大化而减少创新投入时, 董事会持股可以发挥正向的调节作用, 弱化控制权私有收益与创新投入之间的负向关系, 使企业更加关注长远发展和技术创新。当因变量为探索式创新时, 董事会持股 ($DCHIGU$) 在 1% 的水平上显著为正, 控制权私有收益与董事会持股的交乘项 ($PBC \times DCHIGU$) 系数为负, 但不显著; 因变量为开发式创新时, 董事会持股 ($DCHIGU$) 的系数不显著, 控制权私有收益与董事会持股的交乘项 ($PBC \times DCHIGU$) 系数为正, 但也不显著。说明董事会持股可以促进企业进行探索式创新, 而对开发式创新没有影响; 董事会持股可以在一定程度上弱化控制权私有收益与探索式创新之间的正向关系, 弱化控制权私有收益与开发式创新之间的负向关系, 但效果不显著, 没有通过显著性检验, 董事会持股对探索式创新与开发式创新的公司治理作用没有发挥效应。

表 5 – 32 报告了股权制衡、控制权私有收益和创新之间的回归结果。变量之间是否存在自相关可以通过 Durbin-Watson 的结果判断, 可以看出 Durbin-Watson 统计在 2. 0 左右, 因此可以认为变量之间没有显著的自相关; 由于多重共线性检验和自相关检验均已通过, 可以认为模型整体具有稳健性,

可以使用；并且 F 检验在 1% 的水平上显著，说明回归模型中被解释变量与解释变量之间的线性关系在总体上是显著的。

表 5－32 股权制衡的调节作用

变量	创新投入	探索式创新	开发式创新
Constant	0.2971 ***	0.3091 ***	0.2031 ***
	(9.1060)	(8.4691)	(3.7761)
PBC	− 0.1121 ***	0.1352 ***	− 0.0408
	(− 2.7225)	(2.7423)	(− 0.7691)
SHARE	− 0.0001	− 0.0001	− 0.0002
	(− 0.9802)	(− 1.0826)	(− 1.1642)
PBC × SHARE	0.0030 **	− 0.0045 **	0.0011 **
	(2.0159)	(− 2.5294)	(2.5509)
ROE	− 0.0300 **	− 0.0320 **	− 0.0189
	(− 2.2460)	(− 2.1203)	(− 0.8991)
DEBT	− 0.0488 ***	− 0.0589 ***	− 0.0105
	(− 5.1625)	(− 5.5563)	(− 0.6655)
SIZE	− 0.0098 ***	− 0.0098 ***	− 0.0075 ***
	(− 5.9547)	(− 5.2978)	(− 2.7279)
CF	− 0.0050	− 0.0098	0.0113
	(− 0.2297)	(− 0.3865)	(0.3701)
AGE	− 0.0005 *	− 0.0008 **	0.0006
	(− 1.7958)	(− 2.4154)	(1.6361)
HHI	− 0.0538 ***	− 0.0758 ***	0.0041
	(− 3.2155)	(− 3.7632)	(0.2076)
R-squared	0.1351	0.1540	0.1583
Adjusted R-squared	0.1283	0.1462	0.1132
Durbin-Watson stat	2.0059	1.9838	1.8387
F-statistic	20.0275 ***	19.7392 ***	3.5112 ***

注：括号里是 T 检验值。*** 、** 、* 分别代表 1%、5%、10% 的显著性水平。

当因变量为创新投入时，控制权私有收益与股权制衡的交乘项（PBC × SHARE）系数为正，在 5% 的水平上显著；当因变量为探索式创新时，控制权私有收益与股权制衡的交乘项（$PBC \times SHARE$）系数为负，在 5% 的水平上显著。说明当企业存在多个大股东，各股东之间的相互监督和约束能够有效降低控股股东侵占小股东利益，有利于完善公司治理机制，促进内部治理机制的形成。使公司决策与中小股东利益趋于一致，减轻企业投资决策的短视行为，有利于企业创新活动的开展（田昆儒和田雪丰，2019）。企业研发创新活动具有高风险的特点，尤其是探索式创新，而股权制衡作为协调大股东、中小股东之间收益与风险的有效途径，其符合集体决策的特征，能够降低创新活动的潜在风险，促使企业创新决策的科学性。当因变量为开发式创新时，控制权私有收益与股权制衡的交乘项（$PBC \times SHARE$）系数为正，在 5% 的水平上显著。说明股权制衡可以在一定程度上弱化控制权私有收益与开发式创新之间的负向关系，开发式创新能给企业带来更多的眼前利益，股权制衡还是可以帮助企业在长远收益与眼前利益之间做出明智的选择。

表 5-33 报告了机构投资者持股、控制权私有收益和创新之间的回归结果。变量之间是否存在自相关可以通过 Durbin-Watson 的结果判断，可以看出 Durbin-Watson 统计在 2.0 左右，因此可以认为变量之间没有显著的自相关；由于多重共线性检验和自相关检验均已通过，可以认为模型整体具有稳健性，可以使用；并且 F 检验在 1% 的水平上显著，说明回归模型中被解释变量与解释变量之间的线性关系在总体上是显著的。

表 5-33　　　　　　　　　机构投资者持股的调节作用

变量	创新投入	探索式创新	开发式创新
$Constant$	0.3151 *** (9.8405)	0.3280 *** (9.1547)	0.1918 *** (3.5635)
PBC	−0.0128 (−0.6230)	0.0011 (0.0471)	−0.0569 * (−1.9056)
$JGTZ$	0.1498 *** (6.1903)	0.1522 *** (5.7564)	0.0451 (0.9054)
$PBC \times JGTZ$	0.4750 * (1.7385)	−0.4092 ** (−2.3103)	0.2356 (0.5390)
ROE	−0.0433 *** (−3.2424)	−0.0468 *** (−3.1102)	−0.0238 (−1.1108)

续表

变量	创新投入	探索式创新	开发式创新
DEBT	− 0. 0490 ***	− 0. 0586 ***	− 0. 0132
	(− 5. 2662)	(− 5. 6229)	(− 0. 8324)
SIZE	− 0. 0112 ***	− 0. 0113 ***	− 0. 0072 ***
	(− 6. 8286)	(− 6. 1253)	(− 2. 6222)
CF	− 0. 0120	− 0. 0179	0. 0110
	(− 0. 5542)	(− 0. 7185)	(0. 3554)
AGE	− 0. 0004	− 0. 0007 **	0. 0005
	(− 1. 4188)	(− 2. 1041)	(1. 4237)
HHI	− 0. 0523 ***	− 0. 0741 ***	0. 0075
	(− 3. 1694)	(− 3. 7267)	(0. 3714)
R-squared	0. 1614	0. 1784	0. 1444
Adjusted R-squared	0. 1548	0. 1708	0. 0986
Durbin-Watson stat	1. 9970	1. 9473	1. 7794
F-statistic	24. 6509 ***	23. 5446 ***	3. 1514 ***

注：括号里是 T 检验值。***、**、* 分别代表 1%、5%、10% 的显著性水平。

当因变量为创新投入时，控制权私有收益与机构投资者持股的交乘项（$PBC \times JGTZ$）系数为正，在 10% 的水平上显著。说明独立型机构投资者能站在公司和自身利益的角度，对研发创新决策产生影响，相对于个人投资者来说，机构投资者是长期持股的理性投资者，能够发现研发创新对增加公司长远价值的作用，而且他们具有的优势使其能够有效制衡公司控股股东对中小股东的利益侵占等行为。因此，独立型机构投资者持股可以发挥正向的调节作用，弱化控制权私有收益与创新投入之间的负向关系，增加公司用于研发创新投入的资源。当因变量为探索式创新时，控制权私有收益与机构投资者持股的交乘项（$PBC \times JGTZ$）系数为负，在 5% 的水平上显著。说明独立型机构投资者关注的是企业的长期价值，因而更愿意介入到公司治理中，监督企业的创新决策活动，有效避免委托代理引发的控股股东追求个人利益最大化而牺牲中小股东利益的情况。当因变量为开发式创新时，控制权私有收益与机构投资者持股的交乘项（$PBC \times JGTZ$）系数为正，但不显著。说明说明独立型机构投资者持股可以在一定程度上弱化控制权私有收益与开发式创新之间的负向关系，但效果不显著，没有通过显著性检验。这有可能是对于看重公司长期价值的独立机构投资者而言，开发式创新对其吸引力不大，故而独立机构投资者不会有动力去促进开发式创新投入。

表 5 - 34 报告了公司治理、控制权私有收益和创新之间的回归结果。变量之间是否存在自相关可以通过 Durbin-Watson 的结果判断，可以看出 Durbin-Watson 统计在 2.0 左右，因此可以认为变量之间没有显著的自相关；由于多重共线性检验和自相关检验均已通过，可以认为模型整体具有稳健性，可以使用；并且 F 检验在 1% 的水平上显著，说明回归模型中被解释变量与解释变量之间的线性关系在总体上是显著的。

表 5 - 34　　　　　　　　　　　　　公司治理的调节作用

变量	创新投入	探索式创新	开发式创新
Constant	0.2926 ***	0.3021 ***	0.1922 ***
	(9.0475)	(8.3669)	(3.7161)
PBC	- 0.0298 *	0.0012 **	- 0.0764 ***
	(- 1.6384)	(2.0544)	(- 3.2694)
GOV	0.0007	0.0021	- 0.0143 ***
	(0.3153)	(0.8863)	(- 4.0191)
PBC × GOV	0.0263 *	- 0.0640 *	0.0443 *
	(1.8992)	(1.7152)	(1.7001)
ROE	- 0.0307 **	- 0.0366 **	- 0.0241
	(- 2.2815)	(- 2.4001)	(- 1.2043)
DEBT	- 0.0481 ***	- 0.0582 ***	- 0.0225
	(- 5.0614)	(- 5.4730)	(- 1.4592)
SIZE	- 0.0098 ***	- 0.0097 ***	- 0.0069 ***
	(- 5.9174)	(- 5.2301)	(- 2.6128)
CF	- 0.0060	- 0.0103	0.0251
	(- 0.2750)	(- 0.4068)	(0.8483)
AGE	- 0.0004 *	- 0.0007 **	0.0005
	(- 1.6272)	(- 2.2195)	(1.3964)
HHI	- 0.0559 ***	- 0.0803 ***	0.0023
	(- 3.3326)	(- 3.9670)	(0.1195)
R-squared	0.1331	0.1535	0.2245

续表

变量	创新投入	探索式创新	开发式创新
Adjusted R-squared	0.1264	0.1457	0.1830
Durbin-Watson stat	2.0036	1.9857	1.8537
F-statistic	19.6896 ***	19.6677 ***	5.4037 ***

注：括号里是 T 检验值。***、**、* 分别代表 1%、5%、10% 的显著性水平。

当因变量为创新投入时，控制权私有收益与公司治理的交乘项（*PBC* × *GOV*）系数为正，在 10% 的水平上显著；当因变量为探索式创新时，控制权私有收益与公司治理的交乘项（*PBC* × *GOV*）系数为负，在 10% 的水平上显著；当因变量为开发式创新时，控制权私有收益与公司治理的交乘项（*PBC* × *GOV*）系数为正，在 10% 的水平上显著。说明虽然公司治理诸多因素有可能单独无法发挥有效的治理作用，但是对代理成本的综合影响并不是公司治理的个别特征所能替代的，当公司治理作为一个有机整体而存在时，它可以积极发挥有效作用，降低控制权私有收益，促进企业整体创新投入以及不同的创新模式有效发展。

5.2.3　基于控制权私有收益与双元创新平衡的实证检验

1. 描述性统计

通过表 5 - 35 可以看出，双元创新平衡的均值为 0.2182，按照双元创新平衡的衡量方式，*BALANCE* 取值应该介于 0 ~ 1 之间，当探索式创新与开发式创新平衡时，*BALANCE* 应该等于 1。因此可以看出样本公司的平衡度不是很高，只有 0.2182；且最大值为 1.0000，最小值为 0.0000，说明样本公司之间的平衡度相差也很悬殊。

表 5 - 35　　　　　　　　　双元创新平衡描述性统计

	均值	中位数	标准差	最小值	最大值	样本数
BALANCE	0.2182	0.0000	0.3063	0.0000	1.0000	1164

2. 相关性检验

为检验模型（4 - 4）、模型（4 - 8）、模型（4 - 12）、模型（4 - 16）、模型（4 - 20）、模型（4 - 24）、模型（4 - 28）中各变量是否存在多重共线

性问题，本书利用 SPSS 软件对模型（4-4）、模型（4-8）、模型（4-12）、模型（4-16）、模型（4-20）、模型（4-24）、模型（4-28）各主要变量分别进行了 Pearson 相关性检验。相关性检验结果如表 5-36～表 5-42 所示。

表 5-36　　　模型（4-4）各变量间 Pearson 相关性检验结果

变量		BALANCE	PBC	SIZE	AGE	HHI	LnRD
BALANCE	Pearson Correlation	1					
	Sig（2-tailed）						
	N	1164					
PBC	Pearson Correlation	-0.120**	1				
	Sig（2-tailed）	0.000					
	N	1164	1164				
SIZE	Pearson Correlation	-0.205**	0.077**	1			
	Sig（2-tailed）	0.000	0.009				
	N	1164	1164	1164			
AGE	Pearson Correlation	-0.013	0.005	0.139**	1		
	Sig（2-tailed）	0.663	0.859	0.000			
	N	1164	1164	1164	1164		
HHI	Pearson Correlation	-0.086**	0.043	-0.008	-0.128**	1	
	Sig（2-tailed）	0.003	0.141	0.787	0.000		
	N	1164	1164	1164	1164	1164	
LnRD	Pearson Correlation	0.011	-0.016	0.740**	0.125**	-0.098**	1
	Sig（2-tailed）	0.702	0.590	0.000	0.000	0.001	
	N	1164	1164	1164	1164	1164	1164

注：** 表示相关性在 0.01 水平上显著（双尾），* 表示相关性在 0.05 水平上显著（双尾）。

表 5-37　　　模型（4-8）各变量间 Pearson 相关性检验结果

变量		BALANCE	PBC	GUIMO	SIZE	AGE	HHI	LnRD
BALANCE	Pearson Correlation	1						
	Sig（2-tailed）							
	N	1164						
PBC	Pearson Correlation	-0.120**	1					
	Sig（2-tailed）	0.000						
	N	1164	1164					
GUIMO	Pearson Correlation	-0.051	0.079**	1				
	Sig（2-tailed）	0.084	0.007					
	N	1164	1164	1164				

续表

变量		BALANCE	PBC	GUIMO	SIZE	AGE	HHI	LnRD
SIZE	Pearson Correlation	−0.205 **	0.077 **	0.035	1			
	Sig（2-tailed）	0.000	0.009	0.231				
	N	1164	1164	1164	1164			
AGE	Pearson Correlation	−0.013	0.005	0.028	0.139 **	1		
	Sig（2-tailed）	0.663	0.859	0.349	0.000			
	N	1164	1164	1164	1164	1164		
HHI	Pearson Correlation	−0.086 **	0.043	0.040	−0.008	−0.128 **	1	
	Sig（2-tailed）	0.003	0.141	0.172	0.787	0.000		
	N	1164	1164	1164	1164	1164	1164	
LnRD	Pearson Correlation	0.011	−0.016	0.035	0.740 **	0.125 **	−0.098 **	1
	Sig（2-tailed）	0.702	0.590	0.232	0.000	0.000	0.001	
	N	1164	1164	1164	1164	1164	1164	1164

注：** 表示相关性在 0.01 水平上显著（双尾），* 表示相关性在 0.05 水平上显著（双尾）。

表 5 – 38   模型（4 – 12）各变量间 Pearson 相关性检验结果

变量		BALANCE	PBC	BL	SIZE	AGE	HHI	LnRD
BALANCE	Pearson Correlation	1						
	Sig（2-tailed）							
	N	1164						
PBC	Pearson Correlation	−0.120 **	1					
	Sig（2-tailed）	0.000						
	N	1164	1164					
BL	Pearson Correlation	0.040	−0.062 *	1				
	Sig（2-tailed）	0.175	0.035					
	N	1164	1164	1164				
SIZE	Pearson Correlation	−0.205 **	0.077 **	−0.072 *	1			
	Sig（2-tailed）	0.000	0.009	0.014				
	N	1164	1164	1164	1164			
AGE	Pearson Correlation	−0.013	0.005	0.011	0.139 **	1		
	Sig（2-tailed）	0.663	0.859	0.710	0.000			
	N	1164	1164	1164	1164	1164		
HHI	Pearson Correlation	−0.086 **	0.043	−0.074 *	−0.008	−0.128 **	1	
	Sig（2-tailed）	0.003	0.141	0.012	0.787	0.000		
	N	1164	1164	1164	1164	1164	1164	
LnRD	Pearson Correlation	0.011	−0.016	−0.041	0.740 **	0.125 **	−0.098 **	1
	Sig（2-tailed）	0.702	0.590	0.167	0.000	0.000	0.001	
	N	1164	1164	1164	1164	1164	1164	1164

注：** 表示相关性在 0.01 水平上显著（双尾），* 表示相关性在 0.05 水平上显著（双尾）。

表 5 – 39　　　　　模型（4 – 16）各变量间 Pearson 相关性检验结果

变量		BALANCE	PBC	DCHIGU	SIZE	AGE	HHI	LnRD
BALANCE	Pearson Correlation	1						
	Sig（2-tailed）							
	N	1164						
PBC	Pearson Correlation	− 0. 120 **	1					
	Sig（2-tailed）	0. 000						
	N	1164	1164					
DCHIGU	Pearson Correlation	0. 035	− 0. 420 **	1				
	Sig（2-tailed）	0. 237	0. 000					
	N	1164	1164	1164				
SIZE	Pearson Correlation	− 0. 205 **	0. 077 **	− 0. 075 *	1			
	Sig（2-tailed）	0. 000	0. 009	0. 011				
	N	1164	1164	1164	1164			
AGE	Pearson Correlation	− 0. 013	0. 005	− 0. 023	0. 139 **	1		
	Sig（2-tailed）	0. 663	0. 859	0. 440	0. 000			
	N	1164	1164	1164	1164	1164		
HHI	Pearson Correlation	− 0. 086 **	0. 043	− 0. 034	− 0. 008	− 0. 128 **	1	
	Sig（2-tailed）	0. 003	0. 141	0. 243	0. 787	0. 000		
	N	1164	1164	1164	1164	1164	1164	
LnRD	Pearson Correlation	0. 011	− 0. 016	− 0. 008	0. 740 **	0. 125 **	− 0. 098 **	1
	Sig（2-tailed）	0. 702	0. 590	0. 793	0. 000	0. 000	0. 001	
	N	1164	1164	1164	1164	1164	1164	1164

注：** 表示相关性在 0. 01 水平上显著（双尾），* 表示相关性在 0. 05 水平上显著（双尾）。

表 5 – 40　　　　　模型（4 – 20）各变量间 Pearson 相关性检验结果

变量		BALANCE	PBC	SHARE	SIZE	AGE	HHI	LnRD
BALANCE	Pearson Correlation	1						
	Sig（2-tailed）							
	N	1164						
PBC	Pearson Correlation	− 0. 120 **	1					
	Sig（2-tailed）	0. 000						
	N	1164	1164					
SHARE	Pearson Correlation	0. 029	− 0. 124 **	1				
	Sig（2-tailed）	0. 322	0. 000					
	N	1164	1164	1164				
SIZE	Pearson Correlation	− 0. 205 **	0. 077 **	− 0. 094 *	1			
	Sig（2-tailed）	0. 000	0. 009	0. 001				
	N	1164	1164	1164	1164			

	变量	BALANCE	PBC	SHARE	SIZE	AGE	HHI	LnRD
AGE	Pearson Correlation	−0.013	0.005	−0.137**	0.139**	1		
	Sig（2-tailed）	0.663	0.859	0.000	0.000			
	N	1164	1164	1164	1164	1164		
HHI	Pearson Correlation	−0.086**	0.043	0.007	−0.008	−0.128**	1	
	Sig（2-tailed）	0.003	0.141	0.819	0.787	0.000		
	N	1164	1164	1164	1164	1164	1164	
LnRD	Pearson Correlation	0.011	−0.016	−0.057	0.740**	0.125**	−0.098**	1
	Sig（2-tailed）	0.702	0.590	0.051	0.000	0.000	0.001	
	N	1164	1164	1164	1164	1164	1164	1164

注：** 表示相关性在 0.01 水平上显著（双尾），* 表示相关性在 0.05 水平上显著（双尾）。

表 5 − 41　　　　模型（4 − 24）各变量间 Pearson 相关性检验结果

	变量	BALANCE	PBC	JGTZ	SIZE	AGE	HHI	LnRD
BALANCE	Pearson Correlation	1						
	Sig（2-tailed）							
	N	1164						
PBC	Pearson Correlation	−0.120**	1					
	Sig（2-tailed）	0.000						
	N	1164	1164					
JGTZ	Pearson Correlation	0.063*	−0.018	1				
	Sig（2-tailed）	0.032	0.534					
	N	1164	1164	1164				
SIZE	Pearson Correlation	−0.205**	0.077**	0.203**	1			
	Sig（2-tailed）	0.000	0.009	0.000				
	N	1164	1164	1164	1164			
AGE	Pearson Correlation	−0.013	0.005	−0.022	0.139**	1		
	Sig（2-tailed）	0.663	0.859	0.444	0.000			
	N	1164	1164	1164	1164	1164		
HHI	Pearson Correlation	−0.086**	0.043	−0.025	−0.008	−0.128**	1	
	Sig（2-tailed）	0.003	0.141	0.403	0.787	0.000		
	N	1164	1164	1164	1164	1164	1164	
LnRD	Pearson Correlation	0.011	−0.016	0.248**	0.740**	0.125**	−0.098**	1
	Sig（2-tailed）	0.702	0.590	0.000	0.000	0.000	0.001	
	N	1164	1164	1164	1164	1164	1164	1164

注：** 表示相关性在 0.01 水平上显著（双尾），* 表示相关性在 0.05 水平上显著（双尾）。

表 5－42　　　　　模型（4－28）各变量间 **Pearson** 相关性检验结果

变量		BALANCE	PBC	GOV	SIZE	AGE	HHI	LnRD
BALANCE	Pearson Correlation	1						
	Sig（2-tailed）							
	N	1164						
PBC	Pearson Correlation	-0.120^{**}	1					
	Sig（2-tailed）	0.000						
	N	1164	1164					
GOV	Pearson Correlation	-0.005	-0.158^{**}	1				
	Sig（2-tailed）	0.867	0.000					
	N	1164	1164	1164				
SIZE	Pearson Correlation	-0.205^{**}	0.077^{**}	-0.006	1			
	Sig（2-tailed）	0.000	0.009	0.832				
	N	1164	1164	1164	1164			
AGE	Pearson Correlation	-0.013	0.005	-0.072^{*}	0.139^{**}	1		
	Sig（2-tailed）	0.663	0.859	0.015	0.000			
	N	1164	1164	1164	1164	1164		
HHI	Pearson Correlation	-0.086^{**}	0.043	0.036	-0.008	-0.128^{**}	1	
	Sig（2-tailed）	0.003	0.141	0.224	0.787	0.000		
	N	1164	1164	1164	1164	1164	1164	
LnRD	Pearson Correlation	0.011	-0.016	0.031	0.740^{**}	0.125^{**}	-0.098^{**}	1
	Sig（2-tailed）	0.702	0.590	0.296	0.000	0.000	0.001	
	N	1164	1164	1164	1164	1164	1164	1164

注：** 表示相关性在 0.01 水平上显著（双尾），* 表示相关性在 0.05 水平上显著（双尾）。

结果显示，上述回归模型中各解释变量之间系数均小于 0.3，说明各变量间不存在严重的多重共线性问题。同时，解释变量（PBC）与双元创新平衡（BALANCE）具有显著的负相关性，说明模型具有较强的合理性。其余控制变量与双元创新平衡（BALANCE）之间系数基本小于 0.5，说明变量间不存在严重的多重共线性问题。双元创新平衡（BALANCE）与企业规模（SIZE）、市场竞争（HHI）显著相关，而与企业年龄（AGE）、研发支出（LnRD）不相关，最终结果须由回归结果来定。

3. 回归结果分析

表 5－43、表 5－44 报告了公司治理各因素、控制权私有收益和双元创

新平衡之间的回归结果。变量之间是否存在自相关可以通过 Durbin-Watson 的结果判断，可以看出 Durbin-Watson 统计在 2.0 左右，因此可以认为变量之间没有显著的自相关；由于多重共线性检验和自相关检验均已通过，可以认为模型整体具有稳健性，可以使用；并且 F 检验在 1% 的水平上显著，说明回归模型中被解释变量与解释变量之间的线性关系在总体上是显著的。

控制权私有收益与双元创新平衡在 1% 的水平上显著负相关，说明企业的控股股东为了获取更多的私有收益在创新模式选择上会存在偏好，不利于双元创新平衡，H3 得到验证。为了检验公司治理要素发挥的调节作用，又陆续加入控制权私有收益与公司治理要素的交乘项，从交乘项的系数判断其是否发挥了调节作用。

可以看出控制权私有收益与董事会规模的交乘项（$PBC \times GUIMO$）系数为正，但不显著。亚当斯和费雷拉（Adams & Ferreira，2010）发现群体的赌注更可能聚集在历史均值水平，而赌注分布的离散程度也会随着群体规模的增大而降低。这就意味着规模较大的董事会倾向于采用更为折中的方案来达成一致，只是实证效果并不明显。

控制权私有收益与独立董事比例的交乘项（$PBC \times BL$）系数为正，但不显著。王言等（2019）研究发现独立董事的咨询、监督与决策三种职能中，我国独立董事监督职能发挥效果明显，而咨询和决策的职能并没有得到充分的发挥。对独立董事而言可以感受到企业是否需要研发创新以及承担多大程度风险，因此可以发挥监督作用，而对于探索式创新与开发式创新各自投入多少以及如何实现平衡，这些问题需要专业的判断，属于决策范畴，独立董事的作用就不那么明显了。

控制权私有收益与董事会持股比例的交乘项（$PBC \times DCHIGU$）系数为正，在 10% 的水平上显著。随着董事利益与股东利益趋向于一致，可以降低控制权私有收益水平（张璇和刘凤芹，2018），董事会不再单纯满足开发式创新的需求，还需要放眼未来关注企业长远发展的探索式创新，通过平衡、协调这两种活动来提高企业的竞争力。

控制权私有收益与股权制衡的交乘项（$PBC \times SHARE$）系数为正，在 10% 的水平上显著，说明多个大股东的存在使企业既关注具有长远收益但需要承担一定风险的项目（冯晓晴和文雯，2019），也使中小股东保留相对集中的股权优势，有效遏制被大股东侵害的风险，有助于提高创新绩效（贾春香和刘艳娇，2019）。

控制权私有收益与机构投资者持股的交乘项（$PBC \times JGTZ$）系数为正，在 10% 的水平上显著。正如吴晓晖和姜彦福（2006）研究发现，机构投资者是解决第二类委托代理问题的外部治理机制核心。回归结果显示独立型机构投资者持股越多，本身就会有益于双元创新平衡，同时还会弱化控制权私有收益对双元创新平衡的负向作用，即有助于创新绩效的提升。

控制权私有收益与公司治理的交乘项（$PBC \times GOV$）系数为正，在 5% 的水平上显著。李剑力（2009）研究发现探索式创新与开发式创新分别可以从成长性和赢利性两个方面促进绩效，并且两种创新的平衡既能够保证和提升当前的竞争优势，又能够建立未来的竞争优势，最终实现企业绩效的持续增长（张峰和邱玮，2013）。因此，公司治理作为综合治理体系可以有效的发挥对控股股东的治理作用，有助于双元创新实现平衡。

表 5 - 43　　　控制权私有收益对双元创新平衡影响的回归结果 1

变量	全样本	董事会规模的调节作用	独立董事的调节作用	董事会持股的调节作用
Constant	1.2756 *** (6.9748)	1.3048 *** (7.0588)	1.2327 *** (6.4186)	1.3049 *** (7.0903)
PBC	− 0.3035 *** (− 2.7603)	− 0.1139 (− 0.2449)	− 0.0185 (− 0.0400)	− 0.4227 *** (− 3.0913)
GUIMO	—	− 0.0068 (− 1.0040)	—	—
PBC × GUIMO	—	0.0324 (0.3934)	—	—
BL	—	—	0.0631 (0.6797)	—
PBC × BL	—	—	0.7166 (0.6280)	—
DCHIGU	—	—	—	− 0.0650 (− 1.4277)

续表

变量	全样本	董事会规模的调节作用	独立董事的调节作用	董事会持股的调节作用
$PBC \times DCHIGU$	—	—	—	0.7860 * (1.9181)
$SIZE$	-0.1389 *** (-10.6837)	-0.1392 *** (-10.6953)	-0.1382 *** (-10.5919)	-0.1396 *** (-10.7201)
AGE	7.93E-05 (0.0452)	0.0002 (0.1189)	7.26E-05 (0.0415)	0.0002 (0.1055)
HHI	-0.2041 * (-1.8969)	-0.1947 * (-1.8032)	-0.2042 * (-1.8899)	-0.2091 * (-1.9424)
$LnRD$	0.1053 *** (8.0251)	0.1058 *** (8.0619)	0.1054 *** (8.0283)	0.1053 *** (8.0215)
$R\text{-}squared$	0.1092	0.1108	0.1097	0.1110
$Adjusted\ R\text{-}squared$	0.1053	0.1054	0.1043	0.1056
$Durbin\text{-}Watson\ stat$	1.8962	1.8994	1.8977	1.8992
$F\text{-}statistic$	28.3879 ***	20.5780 ***	20.3380 ***	20.6115 ***

注：括号里是 T 检验值。***、**、* 分别代表 1%、5%、10% 的显著性水平。

表 5-44　　控制权私有收益对双元创新平衡影响的回归结果 2

变量	股权制衡的调节作用	机构投资者持股的调节作用	公司治理的调节作用
$Constant$	1.2683 *** (6.7921)	1.3577 *** (7.3011)	1.2763 *** (6.9690)
PBC	-0.1054 ** (-2.3995)	-0.1836 ** (-2.3782)	-0.3337 *** (-2.8665)
$SHARE$	0.0253 (0.3158)	—	—
$PBC \times SHARE$	0.7963 * (1.8330)	—	—
$JGTZ$	—	0.4606 *** (2.9534)	—

续表

变量	股权制衡的 调节作用	机构投资者持股的 调节作用	公司治理的 调节作用
$PBC \times JGTZ$	—	2.6918 * (1.9169)	—
GOV	—	—	− 0.0104 (− 0.7673)
$PBC \times GOV$	—	—	0.0683 ** (2.3650)
$SIZE$	− 0.1389 *** (− 10.6640)	− 0.1393 *** (− 10.7228)	− 0.1394 *** (− 10.7058)
AGE	0.0002 (0.1135)	0.0003 (0.1850)	8.30E − 07 (0.0005)
HHI	− 0.2063 * (− 1.9154)	− 0.2096 * (− 1.9510)	− 0.1977 * (− 1.8326)
$LnRD$	0.1052 *** (8.0157)	0.0996 *** (7.5311)	0.1058 *** (8.0590)
R-squared	0.1097	0.1159	0.1101
Adjusted R-squared	0.1043	0.1105	0.1047
Durbin-Watson stat	1.8954	1.9060	1.8984
F-statistic	20.3549 ***	21.6420 ***	20.4337 ***

注：括号里是 T 检验值。 *** 、 ** 、 * 分别代表 1%、5%、10% 的显著性水平。

5.3　稳健性检验

下面对公司治理因素、控制权私有收益和创新行为的关系进行稳健性检验，以确保实证研究结果的严谨性。

（1）改变创新投入强度的度量方法为：X／总资产，即"研发投入／总资产衡量企业整体创新水平""探索式创新投入／总资产衡量企业探索式创新水平""开发式创新投入／总资产衡量开发式创新水平"。

（2）用控制权与现金流权的比值代替两者的差来表示控制权私有收益。

（3）双元创新平衡使用探索式创新投入与开发式创新投入差的绝对值表示。当两者接近平衡时，双元创新平衡应该接近于0，而当两者平衡度越低时，绝对值就会越大。因此，当控制权私有收益与双元创新平衡正相关时，表示控制权私有收益越大双元创新平衡越差，这里与前面的主检验系数的符号存在差异。

表5-45～表5-47列示了控制权私有收益与创新的稳健性检验结果，从中可以看出控制权私有收益与创新投入显著负相关，与探索式创新显著正相关，与开发式创新显著负相关；董事会规模能够有效缓解控制权私有收益对探索式创新的影响，董事会规模没有发挥控制权私有收益对创新投入、开发式创新显著的制约作用；独立董事比例可以有效缓解控制权私有收益对创新投入、探索式创新的影响，但没有发挥控制权私有收益对开发式创新显著的制约作用；董事会持股没有发挥控制权私有收益对创新投入、探索式创新、开发式创新显著的制约作用；股权制衡在约束控制权私有收益对探索式创新、开发式创新的影响时作用显著，但没有发挥控制权私有收益对创新投入显著的约束作用；机构投资者持股在约束控制权私有收益对创新投入、探索式创新的影响时作用显著，但没有发挥控制权私有收益对开发式创新显著的约束作用；公司治理在约束控制权私有收益对创新投入、探索式创新、开发式创新的影响时作用显著。这与上述主检验结论基本一致。

表5-48～表5-49列示了控制权私有收益对双元创新平衡影响的稳健性检验结果。可以看出控制权私有收益与双元创新平衡显著正相关，由于稳健性检验时，双元创新平衡指标的衡量方式，两者正相关意味着控制权私有收益越大，创新平衡关系越差；独立董事比例、股权制衡、机构投资者持股、公司治理能够有效缓解控制权私有收益对双元创新平衡的影响，而董事会规模、董事会持股没有发挥控制权私有收益对双元创新平衡显著的制约作用。这与上述主检验结论基本一致。

表 5 - 45　控制权私有收益与创新的稳健性检验结果 1

变量	创新投入	探索式创新	开发式创新	创新投入	探索式创新	开发式创新	创新投入	探索式创新	开发式创新
Constant	0.0022 (0.1555)	0.0042 (0.2733)	-0.0368 (-1.6257)	0.0056 (0.3804)	0.0074 (0.4711)	-0.0293 (-1.1209)	-0.0318** (-2.0801)	-0.0338** (-1.9791)	-0.0375 (-1.5144)
PBC	-0.0032*** (-3.3719)	0.0041*** (3.8750)	-0.0038* (-1.9403)	-0.0008 (-0.1674)	0.0451 (1.1648)	-0.0071 (-0.8066)	-0.0238*** (6.2910)	0.0273*** (6.6105)	-0.0124 (-1.6194)
GUIMO	—	—	—	-0.0007 (-0.6381)	0.0009* (1.8392)	-0.0012 (0.5513)	—	—	—
PBC×GUIMO	—	—	—	0.0007 (0.8577)	-0.0091 (-1.2950)	0.0006 (0.4235)	—	—	—
BL	—	—	—	—	—	—	0.0658*** (5.0532)	0.0713*** (5.0160)	-0.0087 (-0.3413)
PBC×BL	—	—	—	—	—	—	0.0562*** (5.6134)	-0.0641*** (-5.8156)	0.0226 (1.1887)
ROE	0.0101* (1.7698)	0.0096 (1.4885)	0.0069 (0.7865)	0.0098* (1.7026)	0.0084 (1.2792)	0.0070 (0.7783)	0.0106* (1.8744)	0.0088 (1.3786)	-0.0009 (-0.1016)
DEBT	-0.0142*** (-3.5181)	-0.0180*** (-3.9688)	-0.0054 (-0.8148)	-0.0141*** (-3.4873)	-0.0159*** (-3.4753)	-0.0056 (-0.8275)	-0.0150*** (-3.7460)	-0.0189*** (-4.2191)	-0.0053 (-0.8098)
SIZE	0.0015** (2.1375)	0.0016** (2.0134)	0.0030** (2.5785)	0.0015** (2.1762)	0.0014* (1.7553)	0.0029** (2.5391)	0.0020*** (2.8153)	0.0022*** (2.7699)	0.0031*** (2.7616)
CF	0.0283*** (3.0165)	0.0299*** (2.7754)	0.0200 (1.5203)	0.0287*** (3.0499)	0.0333*** (3.0574)	0.0207 (1.5587)	0.0276*** (2.9724)	0.0302*** (2.8437)	0.0288** (2.1378)

续表

变量	创新投入	探索式创新	开发式创新	创新投入	探索式创新	开发式创新	创新投入	探索式创新	开发式创新
AGE	-0.0004*** (-3.7109)	-0.0006*** (-4.1644)	9.88E-05 (0.6170)	-0.0005*** (-3.7897)	-0.0006*** (-4.0167)	6.81E-05 (0.3858)	-0.0004*** (-3.5771)	-0.0005*** (-4.0335)	0.0001 (0.6459)
HHI	-0.0199*** (-2.7810)	-0.0251*** (-2.9067)	-0.0066 (-0.7744)	-0.0204 (-2.8362)	-0.0236*** (-2.7061)	-0.0071 (0.8229)	-0.0201*** (-2.8342)	-0.0254*** (-2.9783)	-0.0062 (-0.7409)
R-squared	0.0603	0.0768	0.1040	0.0610	0.0662	0.1065	0.0852	0.1079	0.1366
Adjusted R-squared	0.0545	0.0701	0.0671	0.0537	0.0576	0.0586	0.0781	0.0996	0.0903
Durbin-Watson stat	1.8704	1.8402	2.1567	1.8700	1.8343	2.1544	1.8581	1.8271	2.1156
F-statistic	10.5883***	11.6144***	2.8183***	8.3287***	7.6925***	2.2238**	11.9472***	13.1130***	2.9521***

注：括号里是 T 检验值。***、**、* 分别代表 1%、5%、10% 的显著性水平。

表 5 - 46　控制权私有收益与创新的稳健性检验结果 2

变量	创新投入	探索式创新	开发式创新	创新投入	探索式创新	开发式创新
Constant	-0.0037 (-0.2666)	-0.0033 (-0.2121)	-0.0368 (-1.5905)	0.0050 (0.3537)	-0.0476** (-2.0901)	0.0114 (0.7052)
PBC	-0.0047*** (-4.4936)	0.0057*** (5.0034)	-0.0049** (-2.0681)	-0.0259 (-1.4585)	0.0100** (2.0299)	-0.0031 (-0.9576)
DCHIGU	0.0242* (1.8578)	0.0286** (2.0350)	-0.0135 (-0.4407)	—	—	—
PBC × DCHIGU	0.0135 (1.0937)	-0.0157 (-1.1896)	0.0097 (0.3268)	—	—	—

续表

变量	创新投入	探索式创新	开发式创新	创新投入	探索式创新	开发式创新
SHARE	—	—	—	0.0002 (0.0333)	0.0590*** (2.7508)	-0.0280* (-1.9090)
PBC × SHARE	—	—	—	0.0770 (1.1993)	-0.0485*** (-3.0096)	0.0276** (2.3543)
ROE	0.0081 (1.4147)	0.0071 (1.1035)	0.0070 (0.7794)	0.0088 (1.5214)	0.0119 (1.3578)	0.0093 (1.4314)
DEBT	-0.0128*** (-3.1548)	-0.0165*** (-3.6414)	-0.0067 (-0.9713)	-0.0133*** (-3.2635)	-0.0026 (-0.4002)	-0.0177*** (-3.9055)
SIZE	0.0016** (2.2479)	0.0017** (2.1734)	0.0031*** (2.6058)	0.0015** (2.1692)	0.0025** (2.1997)	0.0016** (2.0052)
CF	0.0295*** (3.1454)	0.0320*** (2.9752)	0.0208 (1.5642)	0.0312*** (3.3064)	0.0208 (1.6067)	0.0309*** (2.8636)
AGE	-0.0005*** (-3.8451)	-0.0006*** (-4.2686)	0.0001 (0.7558)	-0.0004*** (-3.4655)	0.0003* (1.7164)	-0.0006*** (-3.9721)
HHI	-0.0190*** (-2.6644)	-0.0240*** (-2.8010)	-0.0071 (-0.8241)	-0.0190*** (-2.6325)	-0.0086 (-1.0277)	-0.0249*** (-2.8926)
R-squared	0.0720	0.0920	0.1080	0.0534	0.0825	0.1503
Adjusted R-squared	0.0647	0.0836	0.0602	0.0460	0.0741	0.1048
Durbin-Watson stat	1.8831	1.8441	2.1561	1.8846	1.8521	2.2374
F-statistic	9.9431***	10.9849***	2.2605**	7.2282***	9.7549***	3.3027***

注：括号里是 T 检验值。***，**，* 分别代表 1%，5%，10% 的显著性水平。

表 5-47　控制权私有收益与创新的稳健性检验结果 3

变量	创新投入	探索式创新	开发式创新	创新投入	探索式创新	开发式创新
Constant	0.0072 (0.5217)	0.0101 (0.6537)	-0.0370 (-1.6165)	-0.0010 (-0.0715)	-4.57E-05 (-0.0030)	-0.0324 (-1.4387)
PBC	-0.0053*** (-4.7360)	0.0062*** (5.0448)	-0.0032 (-1.3353)	-0.0038*** (-3.9030)	0.0051*** (4.7923)	-0.0036* (-1.8986)
JGTZ	0.1132*** (5.0153)	0.1154*** (4.7523)	0.0225 (0.4150)	—	—	—
PBC×JGTZ	0.0555*** (3.3360)	-0.0561*** (-3.1385)	0.0158 (0.3935)	—	—	—
GOV	—	—	—	-0.0039* (-1.7160)	-0.0067*** (-2.6077)	0.0044 (1.1077)
PBC×GOV	—	—	—	0.0052*** (2.8458)	-0.0084*** (-3.9890)	-0.0049* (-1.6918)
ROE	0.0049 (0.8503)	0.0042 (0.6522)	0.0067 (0.7374)	0.0078 (1.3663)	0.0062 (0.9569)	0.0086 (0.9751)
DEBT	-0.0146*** (-3.6575)	-0.0179*** (-3.9939)	-0.0059 (-0.8631)	-0.0136*** (-3.3780)	-0.0168*** (-3.7292)	-0.0044 (-0.6525)
SIZE	0.0011 (1.4961)	0.0011 (1.3550)	0.0029** (2.5369)	0.0016** (2.3321)	0.0017** (2.1977)	0.0026** (2.2958)

续表

变量	创新投入	探索式创新	开发式创新	创新投入	探索式创新	开发式创新
CF	0.0257 ***	0.0274 **	0.0196	0.0288 ***	0.0324 ***	0.0226 *
	(2.7694)	(2.5749)	(1.4777)	(3.0790)	(3.0305)	(1.7189)
AGE	−0.0004 ***	−0.0005 ***	8.88E−05	−0.0004 ***	−0.0005 ***	0.0002
	(−3.5878)	(−3.9235)	(0.5457)	(−3.7750)	(−3.8850)	(1.2563)
HHI	−0.0190 ***	−0.0244 ***	−0.0066	−0.0210 ***	−0.0274 ***	−0.0063
	(−2.6833)	(−2.8749)	(−0.7642)	(−2.9421)	(−3.2108)	(−0.7440)
R-squared	0.0878	0.1051	0.1048	0.0723	0.1003	0.1312
Adjusted R-squared	0.0807	0.0969	0.0569	0.0651	0.0920	0.0846
Durbin-Watson stat	1.8634	1.8115	2.1461	1.8705	1.8524	2.1951
F-statistic	12.3431 ***	12.7371 ***	2.1875 **	9.9923 ***	12.0840 ***	2.8187 ***

注：括号里是 T 检验值。***、**、* 分别代表 1%、5%、10% 的显著性水平。

表 5－48　　控制权私有收益对双元创新平衡影响的稳健性检验结果 1

变量	全样本	董事会规模的调节作用	独立董事的调节作用	董事会持股的调节作用
Constant	0.0962 ***	0.1017 ***	0.0845 ***	0.0939 ***
	(6.2219)	(6.0782)	(4.8049)	(6.0064)
PBC	0.0041 ***	0.0008	0.0087 *	0.0043 ***
	(3.4026)	(0.1280)	(1.7947)	(3.2679)
GUIMO	—	−0.0012	—	—
		(−0.9236)		
PBC × GUIMO	—	−0.0006	—	—
		(−0.5849)		
BL	—	—	0.0225	—
			(1.3510)	
PBC × BL	—	—	−0.0122 *	—
			(−1.9554)	
DCHIGU	—	—	—	−0.0084
				(−0.5115)
PBC × DCHIGU	—	—	—	−0.0124
				(−0.7946)
SIZE	−0.0287 ***	−0.0286 ***	−0.0285 ***	−0.0286 ***
	(−26.3349)	(−26.1110)	(−25.9057)	(−26.1433)
AGE	−0.0003 **	−0.0003 **	−0.0003 **	−0.0003 *
	(−1.9882)	(−2.0146)	(−1.9742)	(−1.9390)
HHI	0.0153 *	0.0154 *	0.0160 *	0.0154 *
	(1.6917)	(1.6962)	(1.7549)	(1.7014)
LnRD	0.0304 ***	0.0304 ***	0.0304 ***	0.0304 ***
	(27.6006)	(27.5167)	(27.4990)	(27.5078)
R-squared	0.4240	0.4247	0.4251	0.4251
Adjusted R-squared	0.4215	0.4212	0.4216	0.4216
Durbin-Watson stat	2.0829	2.0811	2.0827	2.0844
F-statistic	170.4744 ***	121.9002 ***	122.1095 ***	122.0957 ***

注：括号里是 T 检验值。***、**、* 分别代表 1%、5%、10% 的显著性水平。

表5-49　　控制权私有收益对双元创新平衡影响的稳健性检验结果2

变量	股权制衡的调节作用	机构投资者持股的调节作用	公司治理的调节作用
Constant	0.1045 ***	0.0956 ***	0.0941 ***
	(6.4028)	(6.0636)	(6.0727)
PBC	0.0012	0.0031 **	0.0043 ***
	(0.3250)	(2.1674)	(3.4881)
SHARE	-0.0268	—	—
	(-1.6401)		
PBC × SHARE	-0.0197 **	—	—
	(-2.5342)		
JGTZ	—	-0.0402	—
		(-1.3935)	
PBC × JGTZ	—	-0.0276 **	—
		(-2.2934)	
GOV	—	—	-0.0055 *
			(-1.8988)
PBC × GOV	—	—	-0.0039 *
			(-1.7023)
SIZE	-0.0287 ***	-0.0287 ***	-0.0285 ***
	(-26.3420)	(-26.3300)	(-26.0975)
AGE	-0.0003 **	-0.0003 **	-0.0003 **
	(-2.1459)	(-2.0181)	(-2.1423)
HHI	0.0157 *	0.0156 *	0.0152 *
	(1.7309)	(1.7150)	(1.6692)
LnRD	0.0305 ***	0.0306 ***	0.0304 ***
	(27.6325)	(27.4048)	(27.5328)
R-squared	0.4253	0.4250	0.4258
Adjusted R-squared	0.4218	0.4215	0.4223
Durbin-Watson stat	2.0840	2.0869	2.0802
F-statistic	122.2243 ***	122.0391 ***	122.4620 ***

注：括号里是 T 检验值。*** 、** 、* 分别代表 1%、5%、10% 的显著性水平。

5.4 本章小结

本章在前面研究的基础上，以我国 2008～2016 年的上市高新技术中小企业为样本，检验了控制权私有收益对企业创新、创新平衡的影响，以及公司治理因素对控制权私有收益和创新、创新平衡关系的影响，在稳健性检验中，替换了部分主要变量。形成了以下主要结论。

（1）控制权私有收益与创新投入显著负相关，说明随着控制权私有收益的增加，企业会减少研发创新的投入；控制权私有收益与探索式创新投入显著正相关，说明随着控制权私有收益的增加，企业会更加偏好于探索式创新的投入；控制权私有收益与开发式创新投入显著负相关，说明随着控制权私有收益的增加，企业对开发式创新的兴趣也在逐渐降低。控制权私有收益与双元创新平衡显著负相关，说明企业的双元创新平衡程度随控制权私有收益的增加而减弱。稳健性检验得出的结论与上述结论相同。

（2）公司治理因素作为调节变量，检验控制权私有收益与企业创新关系的实证结果表明，总体而言，上市公司的公司治理机制对控制权私有收益与创新关系的影响较显著。具体来说：董事会规模可以缓解控制权私有收益对探索式创新的影响，但对控制权私有收益与创新投入、开发式创新没有发挥应有的作用；独立董事比例可以弱化控制权私有收益对探索式创新的影响，但对控制权私有收益与创新投入、开发式创新没有发挥应有的作用；董事会持股可以缓解控制权私有收益对创新投入的影响，但对控制权私有收益与探索式创新、开发式创新没有发挥应有的作用；股权制衡可以弱化控制权私有收益对创新投入、探索式创新、开发式创新的影响；机构投资者持股可以缓解控制权私有收益对创新投入、探索式创新的影响，但对控制权私有收益与开发式创新没有发挥应有的作用；公司治理可以缓解控制权私有收益对创新投入、探索式创新、开发式创新的影响。稳健性检验得出的结论与上述结论基本相同。

（3）公司治理因素作为调节变量，检验控制权私有收益与企业双元创新平衡关系的实证结果表明，总体而言，上市公司的公司治理机制对控制权私有有收益与创新平衡关系的影响较显著。具体来说：董事会规模、独立董事比例没有对控制权私有收益与双元创新平衡发挥应有的作用；但董事会持股比例、股权制衡、机构投资者持股、公司治理可以缓解控制权私有收益对双元创新平衡的影响。稳健性检验得出的结论与上述结论基本相同。

| 第 6 章 |

结论和政策建议

6.1 结 论

公司的创新决策受控股股东重要影响,控股股东会因为自身的控制权与现金流权发生变化,从而改变获得控制权私有收益的能力,以及增强控制权私有收益的动机,进而会引发企业创新决策的变化。因此,控制权私有收益是股权集中背景下,影响公司创新决策的重要因素。本书基于委托代理理论、信息不对称理论、控制权理论、创新平衡理论,研究控制权私有收益对创新投入、创新模式,双元创新平衡的影响,以及公司治理诸多因素发挥的调节作用。主要研究结论如下:

(1) 由于中国上市公司普遍存在金字塔式的股权结构,控制权与现金流权两权分离现象严重。控制权与现金流权的分离,这就意味着控股股东会产生掠夺其余中小股东利益的动机,并且通过参与企业的经营管理活动,把掠夺中小利益的动机变成了可能。控股股东会在项目选择、风险控制上做出不利于中小股东的决策,加剧企业的非效率投资行为。虽然创新投入能够给公司带来长远利益,但控股股东为了最大化控制权私有收益,缺乏进行研发创新投入的意愿。

(2) 创新活动按照所承担风险的不同可分为探索式创新与开发式创新两种模式。根据双元创新理论,企业要想紧跟市场步伐、应对市场挑战,需要兼顾这两方面的创新。当控股股东的控制权与现金流权偏离程度高时,会提高控股股东与中小股东之间的信息不对称,降低控股股东的利益侵占成本,控股股东为了获得更多的私有收益,会偏好于探索式创新。当控股股东的控制权与现金流权接近时,控股股东的利益将和企业的利益趋于一致。控股股东为获得稳定的共享收益,在项目选择上会趋于保守,倾向于选择开发式创新。

（3）企业采取双元创新平衡模式，不仅能够及时的为企业提供新技术和产品，增强环境的适应性，而且可以同时均衡长短期绩效并实现企业绩效最大化。无论是探索创新过度还是开发创新过度对企业均为不利，都会降低两种创新活动的平衡性。当控股股东的控制权与现金流权接近时，控股股东的利益与企业利益趋于一致，控股股东会关注企业价值的提升，减少对企业和中小股东的利益侵占行为，协调探索式创新与开发式创新的关系，使二者平衡发展。

（4）上市公司公司治理、控制权私有收益与企业创新的实证结果表明：董事会规模可以在一定程度上弱化控制权私有收益与创新投入、开发式创新、双元创新平衡之间的负向关系，但不显著；但董事会规模能够有效缓解控制权私有收益对企业探索式创新的影响。独立董事比例可以在一定程度上弱化控制权私有收益与创新投入、开发式创新、双元创新平衡之间的负向关系，但不显著；但独立董事比例能够有效缓解控制权私有收益对企业探索式创新的影响。董事会持股比例可以有效缓解控制权私有收益对创新投入、双元创新平衡的影响；虽然董事会持股比例可以弱化控制权私有收益与探索式创新、开发式创新之间的关系，但不显著。股权制衡可以有效缓解控制权私有收益对创新投入、探索式创新、开发式创新、双元创新平衡的影响。机构投资者可以有效缓解控制权私有收益对创新投入、探索式创新、双元创新平衡的影响；但对于控制权私有收益与开发式创新之间的关系没有发挥有效作用。

（5）本书采用董事会规模、独立董事比例、董事会持股、股权制衡、机构投资者持股五个指标通过因子分析法计算综合得分来衡量上市企业的公司治理水平。结果显示，公司治理可以有效缓解控制权私有收益对创新投入、探索式创新、开发式创新、双元创新平衡的影响。

（6）稳健性检验可以看出，创新投入、控制权私有收益、双元创新平衡衡量方式的变化，并未改变公司治理各因素对创新投入、探索式创新、开发式创新、双元创新平衡关系的影响，即稳健性检验得出的结论与上述结论基本一致。

6.2 政策建议

（1）优化股权结构，形成控制权的相互制衡。

现阶段理想的股权结构应该是控股股东与可以进行制衡的其他大股东同

时存在，且股权适度集中。尤其是控股股东占据绝对优势的上市公司，为保证公司经营决策的合理性，使其免受侵害，应积极构建股权制衡机制。提升其他大股东在公司中的地位，增加其在公司治理中的话语权，防止控股股东滥用权力损害其他股东的利益。即便出现所有大股东联合侵占中小股东利益的情形，但这种利益侵占联盟会因利益分配上的不均衡而缺乏持久性，不会长期存在。制衡股东发挥作用的动机在于获得中小股东的支持，为此制衡股东会积极对控股股东进行监督，有效行使控制权，从而保护了中小股东的利益。控股股东也必须考虑制衡股东与中小股东联合在一起的利益，从而可能会减少非效率投资行为。股权制衡是一种新的公司治理机制，符合集体决策的特征，保证了决策方案趋于中和而不会走向极端，可以有效降低创新决策的风险。通过提高股权制衡度，使股东之间形成互相牵制，提高利益侵占成本，可以有效预防控股股东对中小股东的利益侵害，使决策更加科学化，为创新效率的提升营造良好的内部环境。

（2）完善上市公司信息披露制度。

大小股东之间的信息不对称是形成控制权私有收益的前提条件。控股股东对企业的控制能力越强，且控制权与现金流权高度分离时，控股股东对信息操纵的空间越大，信息披露质量越低，控制权私有收益越高。因此，完善信息披露、提高信息披露质量有助于增大控股股东利益侵占的成本，降低企业的非效率研发创新行为，是中小股东利益免受控股股东掠夺的有效途径。首先，为保证信息披露的及时性和相关性，证券监管部门需要对信息披露的各项规定进一步细化，规范信息披露的流程，使之具有可操作性。并且对未按规定披露信息的予以重罚，加大其违法成本。其次，尽量避免控制权与现金流权的高度分离，提高控股股东的现金流权，使得控股股东与公司利益保持高度一致，从而提高公司信息披露质量。另外，上市公司应该详细披露控股股东的控制权、现金流权以及控制权与现金流权的分离度，让投资者利用指标研判信息披露质量。

（3）加强对中小股东利益的保护。

公司治理中控股股东扮演的角色具有"双刃剑"的作用。在股权比较分散的背景下，控股股东的存在可以有效解决公司治理中中小股东监督管理层的"搭便车"行为，从而对于所有者与经营者之间的代理问题有很好治理功能；但在控股股东一股独大的情况下，控股股东难免会利用金字塔结构的复杂股权方式对中小股东是利益侵占。资本市场是否完善的标志之一就是对中小股东利益的保护是否到位。LLSV（2000）研究表明控制权私有收益的规模与投资者保护程度存在密切关系。首先，应该进一步加强对中小股东保护的法律法规的建设。我国修订后的公司法强调了累计投票制度，这就使得在中小股东足够团结的前提下，可以将代表其利益的代言人选入董事会和监事会，从而有助于保护中小股东的利益。然而，是否采用累计投票制是由控股股东决定的，因此，这一制度应该是强制性规定，防止控股股东利用这一规则损害中小股东利益。其次，大多数中小股东由于其持股比例小、力量弱，当权益受到损害时，不愿意去主动寻求权益救助保护。所以，为克服中小股东在精力、知识、经验和时间上的局限性，需要建立一个专门机构，该机构可以代表中小股东行使权利，这样可以降低中小股东行使权利的成本，保护中小股东的合法权益。

（4）发挥机构投资者的作用。

相较于普通投资者，从专业、信息、资金和规模这四个维度来看，机构投资者具有更大优势，尤其是独立型的机构投资者在影响企业决策行为方面的监督治理作用更加明显。因而，政府需要对机构投资者进行引导和调整，规范机构投资者的发展，为成熟的机构投资者，如证券投资基金、社保基金和 QFII 提供更好的平台，确立其资本市场主体地位，使其扮演的角色从企业的"独立人"转向公司治理和监督的"参与者"。除此之外，参考国外公司治理经验，并结合我国的实际国情，进一步规范和丰富机构投资者参与公司治理的方式，如对机构投资者的投票权、议案权、与管理层沟通的方式等加以规范。

（5）进一步完善独立董事制度。

我国上市公司董事会、监事会、单独或者合并持有上市公司已发行股份1% 以上的股东可以提出独立董事候选人，并经股东大会选举决定。由于控股股东可以掌控公司的股东大会，因此，由股东大会选举出来的独立董事也必然代表控股股东的利益；并且目前独立董事高度依赖上市公司发放的董事薪资维持生活，造成独立董事不得不"配合"控股股东行事。由于缺乏真正意义上的独立性，独立董事对于控股股东的利益侵占行为无法充分发挥监督作用，造成独立董事形同虚设。基于上述原因，进一步完善和改革当前的独立董事制度可以从以下几个方面着手：第一，构建合理的独立董事选聘制度保护中小股东的利益，要增强中小股东对独立董事人选提名的影响，要有独立董事能真正代表中小股东的利益诉求；第二，消除上市公司借助薪酬制度影响独立董事的决策判断能力，建立独立董事薪酬基金，上市公司事先向该基金缴纳所需资金，由薪酬基金的管理机构对独立董事的履职能力进行评价，并根据评价结果发放相应的报酬；第三，独立董事应更加注重专业性，独立董事只有真正"懂"才有底气"独"，并逐步形成市场化的声誉激励机制。从而推动独立董事不忘初心，既"懂"又"独"。

参考文献

［1］安灵，刘星，白艺昕．股权制衡、终极所有权性质与上市企业非效率投资［J］．管理工程学报，2008（2）：122－129.

［2］白景坤，王健．双元学习的平衡效应和交互效应与企业创新绩效［J］．财经问题研究，2016（9）：94－100.

［3］白艺昕，刘星，安灵．所有权结构对 R&D 投资决策的影响［J］．统计与决策，2008（5）：131－134.

［4］蔡吉甫，谢盛纹．公司治理与代理成本关系研究［J］．河北经贸大学学报，2007（4）：58－66.

［5］蔡宁，董艳华，刘峰．董事会之谜——基于尚德电力的案例研究［J］．管理世界，2015（4）：155－169.

［6］陈冬华，陈信元，万华林．国有企业中的薪酬管制与在职消费［J］．经济研究，2005（2）：92－101.

［7］陈信元，陈冬华，时旭．公司治理与现金股利：基于佛山照明的案例研究［J］．管理世界，2003（8）：118－126＋151.

［8］陈信元，汪辉．股东制衡与公司价值：模型及经验证据［J］．数量经济技术经济研究，2004（11）：102－110.

［9］陈岩，湛杨灏，王丽霞，李毅，翟瑞瑞．研发投入、独立董事结构与创新绩效——基于中国上市家族企业的实证检验［J］．科研管理，2018（1）：95－107.

［10］程翠凤．高管激励、股权集中度与企业研发创新战略——基于制造业上市公司面板数据调节效应的实证［J］．华东经济管理，2018（11）：118－125.

［11］程新生，郑海埃，赵旸．公司治理促进技术创新的机理探析［J］．

南开学报（哲学社会科学版），2019（6）：93 - 104.

[12] 戴德明，王茂林，林慧婷. 外部治理环境、控制权私有收益与上市公司高管晋升效率 [J]. 经济与管理研究，2015（1）：123 - 131.

[13] 党印. 公司治理与技术创新：综述及启示 [J]. 产经评论，2012（6）：62 - 75.

[14] 邓建平，曾勇. 大股东控制和控制权私人利益研究 [J]. 中国软科学，2004（10）：50 - 58.

[15] 邓淑芳，陈晓，姚正春. 终极所有权、层级结构与信息泄露——来自控制权转让市场的经验证据 [J]. 管理世界，2007（3）：122 - 129.

[16] 董梅生. 公司治理与技术创新关系的实证研究 [J]. 科技与经济，2016（1）：42 - 46.

[17] 豆中强，刘星，刘理. 控制权私利下的企业资本配置决策研究 [J]. 中国管理科学，2010（5）：152 - 158.

[18] 窦欢，陆正飞. 大股东代理问题与上市公司的盈余持续性 [J]. 会计研究，2017（5）：32 - 39 + 96.

[19] 窦炜，刘星，安灵. 股权集中、控制权配置与公司非效率投资行为——兼论大股东的监督抑或合谋？[J]. 管理科学学报，2011（11）：81 - 96.

[20] 杜育华. 大股东治理机制背景的独立董事功用 [J]. 改革，2010（3）：99 - 104.

[21] 杜育华. 双重委托代理下独立董事治理效应研究 [J]. 管理学报，2011（7）：1081 - 1085.

[22] 段海艳. 企业持续创新影响因素研究 [J]. 科技进步与对策，2017（15）：87 - 93.

[23] 冯根福，温军. 中国上市公司治理与企业技术创新关系的实证分析 [J]. 中国工业经济，2008（7）：91 - 101.

[24] 冯晓晴，文雯. 多个大股东与企业风险承担 [EB/OL]. 《中南财经政法大学学报》网络首发论文，2019.

[25] 高雷，何少华，黄志忠. 公司治理与掏空 [J]. 经济学（季刊），2006（4）：1157 - 1178.

[26] 高雷，宋顺林. 董事会、监事会与代理成本——基于上市公司

2002 – 2005 年面板数据的经验证据［J］．经济与管理研究，2007（10）：18 – 24.

［27］高孟立．双元学习与服务创新绩效关系的实证研究——组织冗余与战略柔性的调节作用［J］．科技管理研究，2017（14）：202 – 212.

［28］顾露露，岑怡，郭三，张凯歌．股权结构、价值链属性与技术创新——基于中国信息技术企业的实证分析［J］．证券市场导报，2015（10）：27 – 35.

［29］郭海，李垣．治理机制、管理创新能力与自主创新关系研究［J］．科学学研究，2006（6）：962 – 966.

［30］韩德宗，叶春华．控制权收益的理论与实证研究［J］．统计研究，2004（2）：42 – 46.

［31］韩云．代理问题、机构投资者监督与公司价值［J］．经济管理，2017（10）：173 – 191.

［32］韩忠雪，周婷婷．董事激励影响公司现金持有吗？——基于我国上市公司面板数据的分析［J］．经济与管理研究，2009（5）：55 – 62.

［33］郝颖，李晓欧，刘星．终极控制、资本投向与配置绩效［J］．管理科学学报，2012（3）：83 – 96.

［34］郝颖，刘星，林朝南．大股东控制下的资本投资与利益攫取研究［J］．南开管理评论，2009（2）：98 – 106 + 114.

［35］何源，白莹，文翘翘．负债融资、大股东控制与企业过度投资行为［J］．系统工程，2007（3）：61 – 66.

［36］洪敏，张涛，王广凯．异质机构投资者与企业技术创新——基于不同期限机构投资者的实证检验［J］．中国科技论坛，2018（5）：57 – 70.

［37］胡保亮．商业模式、创新双元性与企业绩效的关系研究［J］．科研管理，2015（11）：29 – 36.

［38］胡超颖，金中坤．探索式创新、利用式创新与企业绩效关系的元分析［J］．企业经济，2017（5）：79 – 85.

［39］胡旭阳．上市公司控制权私人收益及计量——以我国国有股权转让为例［J］．财经论丛，2004（3）：46 – 50.

［40］黄国良，董飞．我国企业研发投入的影响因素研究——基于管理者

能力与董事会结构的实证研究 [J]. 科技进步与对策, 2010 (17): 103 – 105.

[41] 贾春香, 刘艳娇. 公司治理结构对企业创新绩效的影响——基于研发投入的中介作用 [J]. 科学管理研究, 2019 (2): 117 – 121.

[42] 贾凯威, 马成浩, 赵丰义, 高英慧, 李薇. 不充分外部竞争环境下企业股权结构与创新关系再审视——基于非平衡面板数据分析 [J]. 科技进步与对策, 2018 (20): 94 – 101.

[43] 姜付秀, 马云飙, 王运通. 退出威胁能抑制控股股东私利行为吗? [J]. 管理世界, 2015 (5): 147 – 159.

[44] 姜毅, 刘淑莲. 信息披露质量与控制权私人收益——以股权分置改革为背景 [J]. 财经问题研究, 2011 (9): 50 – 56.

[45] 蒋艳辉, 唐家财, 姚靠华. 机构投资者异质性与上市公司 R&D 投入——来自 A 股市场高新技术企业的经验研究 [J]. 经济经纬, 2014 (4): 86 – 91.

[46] 金昕, 陈松, 邵俊岗. 企业创新中的 "双元平衡" 一直重要吗?——基于机器学习的动态分析 [J]. 科学学与科学技术管理, 2018 (11): 74 – 84.

[47] 雷星晖, 王寅. 我国家族上市公司控制权私人收益的影响因素研究 [J]. 管理评论, 2011 (4): 11 – 17.

[48] 李桦, 彭思喜. 战略柔性、双元性创新和企业绩效 [J]. 管理学报, 2011 (11): 1604 – 1609 + 1668.

[49] 李剑力. 探索性创新、开发性创新与企业绩效关系研究——基于冗余资源调节效应的实证分析 [J]. 科学学研究, 2009 (9): 1418 – 1427.

[50] 李经路. 股权集中度对研发强度的影响: 数理分析与数据检验——对 2007 – 2014 年 A 股上市公司的观察 [J]. 暨南学报 (哲学社会科学版), 2017 (6): 22 – 38.

[51] 李经路, 苏杭. 管理层持股与研发投入: 数理分析与数据检验——以创业板公司为例 [J]. 商业研究, 2016 (11): 123 – 135.

[52] 李婧, 贺小刚. 股权集中度与创新绩效: 国有企业与家族企业的比较研究 [J]. 商业经济与管理, 2012 (10): 40 – 50.

[53] 李强, 曾勇. 不确定环境下企业技术创新投融资决策研究 [J].

系统工程理论与实践，2005（3）：32－38.

［54］李胜楠，牛建波，辛美慧．董事会能力会影响公司双元创新战略选择吗——基于环境动态性的调节效应［J］．山西财经大学学报，2018（5）：70－82.

［55］李爽，吴溪．盈余管理、审计意见与监事会态度——评监事会在我国公司治理中的作用［J］．审计研究，2003（1）：8－13.

［56］李维安，武立东．公司治理教程［M］．上海：上海人民出版社，2002.

［57］李维安，张耀伟．上市公司董事会治理与绩效倒 U 形曲线关系研究［J］．经济理论与经济管理，2004（8）：36－42.

［58］李伟，白永秀，魏思齐，俞晓．公司治理对企业技术创新的影响——基于产业分析的视角［J］．福建论坛（人文社会科学版），2018（11）：49－58.

［59］李文贵，余明桂，钟慧洁．央企董事会试点、国有上市公司代理成本与企业绩效［J］．管理世界，2017（8）：123－135＋153.

［60］李香梅，潘爱玲．控制权私有收益、负债与企业过度投资［J］．东岳论丛，2013（6）：117－120.

［61］李香梅，袁玉娟，戴志敏．控制权私有收益、公司治理与非效率投资研究［J］．华东经济管理，2015（5）：139－143.

［62］李小娟．股权集中度、债务约束与技术创新——基于战略性新兴产业上市公司的经验证据［J］．湖南大学学报（社会科学版），2016（4）：93－99.

［63］李映照，吴济慧．机构投资者与 R&D 投入关系研究［J］．科技管理研究，2013（23）：187－190.

［64］李增泉，孙铮，王志伟．"掏空"与所有权安排——来自我国上市公司大股东资金占用的经验证据［J］．会计研究，2004（12）：3－13.

［65］梁帆．机构投资者对创业板公司研发支出影响的实证研究［J］．经济经纬，2015（1）：114－119.

［66］林朝南，刘星，郝颖．行业特征与控制权私利：来自中国上市公司的经验证据［J］．经济科学，2006（3）：61－72.

[67] 刘朝晖. 外部套利、市场反应与控股股东的非效率投资决策 [J]. 世界经济, 2002 (7): 71 - 79.

[68] 刘佳刚. 公司控制权收益问题研究 [D]. 中南大学博士论文, 2006.

[69] 刘启亮, 李增泉, 姚易伟. 投资者保护、控制权私利与金字塔结构——以格林柯尔为例 [J]. 管理世界, 2008 (12): 139 - 148.

[70] 刘睿智, 王向阳. 我国上市公司控制权私有收益的规模研究 [J]. 华中科技大学学报 (社会科学版), 2003 (6): 86 - 90.

[71] 刘芍佳, 孙霈, 刘乃全. 终极产权论、股权结构及公司绩效 [J]. 经济研究, 2003 (4): 51 - 62.

[72] 刘胜强, 刘星. 董事会规模对企业 R&D 投资行为的影响研究 [J]. 科学管理研究, 2010 (3): 82 - 86.

[73] 刘胜强, 刘星. 股权结构对企业 R&D 投资的影响——来自制造业上市公司 2002 - 2008 年的经验证据 [J]. 软科学, 2010 (7): 32 - 36.

[74] 刘彤. 小股东权益与公司治理绩效改善 [J]. 经济科学, 2002 (2): 65 - 74.

[75] 刘小元, 李永壮. 董事会、资源约束与创新环境影响下的创业企业研发强度——来自创业板企业的证据 [J]. 软科学, 2012 (6): 99 - 104.

[76] 刘星, 窦炜. 基于控制权私有收益的企业非效率投资行为研究 [J]. 中国管理科学, 2009 (5): 156 - 165.

[77] 刘志迎, 付丽华, 马朝良, 冷宗阳. 基于 Meta 分析的创新二元性与企业绩效关系研究 [J]. 科学学与科学技术管理, 2017 (6): 171 - 180.

[78] 鲁桐, 党印. 公司治理与技术创新: 分行业比较 [J]. 经济研究, 2014 (6): 115 - 128.

[79] 罗党论, 唐清泉. 金字塔结构、所有制与中小股东利益保护——来自中国上市公司的经验证据 [J]. 财经研究, 2008 (9): 132 - 143.

[80] 罗正英, 李益娟, 常昀. 民营企业的股权结构对 R&D 投资行为的传导效应研究 [J]. 中国软科学, 2014 (3): 167 - 176.

[81] 马磊, 徐向艺. 中国上市公司控制权私有收益实证研究 [J]. 中国工业经济, 2007 (5): 56 - 63.

［82］毛良虎. 中小企业治理与技术创新——基于中小企业板的实证研究 ［J］. 中国科技论坛, 2008 (9)：67－72.

［83］潘宏亮. 创业者吸收能力、双元创新战略对天生国际化企业成长绩效的影响 ［J］. 科学学与科学技术管理, 2018 (12)：94－110.

［84］潘敏, 金岩. 信息不对称、股权制度安排与上市企业过度投资 ［J］. 金融研究, 2003 (1)：36－45.

［85］彭丁. 机构投资者、金字塔控制与公司业绩——基于公司代理视角的经验证据 ［J］. 学术论坛, 2015 (3)：62－66.

［86］钱忠华. 董事会特征与企业风险——基于中国股票市场的经验证据 ［J］. 兰州学刊, 2009 (4)：77－80＋179.

［87］秦兴俊, 王柏杰. 股权结构、公司治理与企业技术创新能力 ［J］. 财经问题研究, 2018 (7)：86－93.

［88］冉茂盛, 彭文伟, 黄凌云. 现金流权与控制权分离下的企业 R&D 投资 ［J］. 科学学与科学技术管理, 2010 (1)：133－136.

［89］施东晖. 上市公司控制权价值的实证研究 ［J］. 经济科学, 2003 (6)：83－89.

［90］宋力, 胡运权. 股权分置改革后控股股东代理行为实证分析 ［J］. 管理评论, 2010 (4)：26－33.

［91］宋渊洋, 唐跃军. 机构投资者有助于企业业绩改善吗？——来自 2003～2007 年中国上市公司的经验证据 ［J］. 南方经济, 2009 (12)：56－68.

［92］苏坤. 董事会规模与企业风险承担：产权性质与市场化进程的调节作用 ［J］. 云南财经大学学报, 2016 (2)：139－148.

［93］孙健. 终极控制权与资本结构的选择——来自沪市的经验证据 ［J］. 管理科学, 2008 (2)：18－25.

［94］孙永祥, 章融. 董事会规模、公司治理与绩效 ［J］. 企业经济, 2000 (10)：13－15.

［95］汤业国. 股权结构对技术创新投入的促进效应研究——来自中国中小上市公司的经验证据 ［J］. 东岳论丛, 2013 (4)：105－109.

［96］唐清泉, 罗党论, 王莉. 大股东的隧道挖掘与制衡力量 ［J］. 中国会计评论, 2005 (1)：63－86.

［97］唐清泉，肖海莲．融资约束与企业创新投资－现金流敏感性——基于企业 R&D 异质性视角［J］．南方经济，2012（11）：40－54．

［98］唐松莲，袁春生．监督或攫取：机构投资者治理角色的识别研究——来自中国资本市场的经验证据［J］．管理评论，2010（8）：19－29．

［99］唐松，周国良，于旭辉，孙铮．股权结构、资产质量与关联担保——来自中国 A 股上市公司的经验证据［J］．中国会计与财务研究，2008（2）：62－86．

［100］唐跃军，李维安，谢仍明．大股东制衡、信息不对称与外部审计约束——来自 2001－2004 年中国上市公司的证据［J］．审计研究，2006（5）：33－39．

［101］唐跃军，左晶晶．所有权性质、大股东治理与公司创新［J］．金融研究，2014（6）：177－192．

［102］唐跃军，左晶晶．政策性扰动、大股东制衡与董事会独立性［J］．财经研究，2010（5）：27－39．

［103］唐宗明，蒋位．中国上市公司大股东侵害度实证分析［J］．经济研究，2002（4）：44－50．

［104］唐宗明，余颖，俞乐．我国上市公司控制权私人收益的经验研究［J］．系统工程理论方法应用，2005（6）：509－513．

［105］田昆儒，田雪丰．多个大股东、创新投资与市场表现——基于倾向得分匹配法（PSM）的分析［J］．华东经济管理，2019（12）：119－128．

［106］万寿义，田园．第一大股东控制权、大股东制衡与费用粘性差异［J］．财贸研究，2017（2）：100－110．

［107］汪茜，郝云宏，叶燕华．多个大股东结构下第二大股东的制衡动因分析［J］．经济与管理研究，2017（4）：115－123．

［108］王朝晖．高绩效工作系统、双元型创新与企业绩效：关系情境的调节作用［J］．科学决策，2014（9）：32－53．

［109］王凤彬，陈建勋，杨阳．探索式与利用式技术创新及其平衡的效应分析［J］．管理世界，2012（3）：96－112＋188．

［110］王鹏，秦宛顺．控股股东类型与公司绩效——基于中国上市公司的证据［J］．统计研究，2006（7）：36－40．

［111］王鹏，周黎安．控股股东的控制权、所有权与公司绩效：基于中国上市公司的证据［J］．金融研究，2006（2）：88－98.

［112］王言，周绍妮，宋夏子．中国独立董事："咨询"、"监督"还是"决策"？——兼论独立董事特征对履职的调节效应［J］．北京交通大学学报（社会科学版），2019（4）：79－92.

［113］王英英，潘爱玲．控股股东对企业投资行为的影响机理分析［J］．经济与管理研究，2008（9）：24－29.

［114］王宇峰，左征婷，杨帆．机构投资者与上市公司研发投入关系的实证研究［J］．中南财经政法大学学报，2012（5）：102－107.

［115］王玉霞，孙治一．公司治理对创新策略的影响——基于R&D支出异质性的实证研究［J］．财经问题研究，2018（12）：113－121.

［116］王振山，石大林．股权结构与公司风险承担间的动态关系——基于动态内生性的经验研究［J］．金融经济学研究，2014（3）：44－56.

［117］王卓，宁向东．研发投入与实际控制人持股比例的关系——基于中国上市公司的实证研究［J］．技术经济，2017（4）：17－22＋109.

［118］邬国梅．控制权收益与上市公司过度投资——来自上市公司股权再融资的经验证据［J］．当代财经，2008（5）：115－119.

［119］吴冬梅，庄新田．限售股解禁、资本投资与控制权私利——来自我国上市公司股权分置改革的证据［J］．管理评论，2016（10）：67－78.

［120］吴思，陈震．交叉上市、股权制衡与企业成本粘性［J］．当代财经，2018（2）：124－133.

［121］吴晓晖，姜彦福．解决第二类委托代理问题的双核心理论观点研究［J］．经济管理，2006（24）：23－27.

［122］肖海莲，唐清泉，周美华．负债对企业创新投资模式的影响——基于R&D异质性的实证研究［J］．科研管理，2014（10）：77－85.

［123］肖作平．终极所有权结构对资本结构选择的影响——来自中国上市公司的经验证据［J］．中国管理科学，2012（4）：167－176.

［124］谢德仁，黄亮华．代理成本、机构投资者监督与独立董事津贴［J］．财经研究，2013（2）：92－102.

［125］熊艳，李常青．"拜托债权人"还是"拜托机构投资者"——论

二者在代理冲突中的角色扮演 [J]. 山西财经大学学报, 2011 (7): 41 - 48.

[126] 徐向艺, 汤业国. 金字塔结构对技术创新绩效的抑制效应分析——基于中国中小上市公司数据的实证研究 [J]. 理论学刊, 2013 (3): 62 - 66.

[127] 徐向艺, 张立达. 上市公司股权结构与公司价值关系研究——一个分组检验的结果 [J]. 中国工业经济, 2008 (4): 102 - 109.

[128] 徐悦, 刘运国, 蔡贵龙. 高管薪酬粘性与企业创新 [J]. 会计研究, 2018 (7): 43 - 49.

[129] 许永斌, 彭白颖. 控制权、现金流权与公司业绩——来自中国民营上市公司的经验研究 [J]. 商业经济与管理, 2007 (4): 74 - 79.

[130] 薛祖云, 黄彤. 董事会、监事会制度特征与会计信息质量——来自中国资本市场的经验分析 [J]. 财经理论与实践, 2004 (4): 84 - 89.

[131] 杨宝, 袁天荣. 机构投资者介入、代理问题与公司分红 [J]. 山西财经大学学报, 2014 (6): 90 - 101.

[132] 杨德伟. 股权结构影响企业技术创新的实证研究——基于我国中小板上市公司的分析 [J]. 财政研究, 2011 (8): 56 - 60.

[133] 杨海燕. 机构投资者持股稳定性对代理成本的影响 [J]. 证券市场导报, 2013 (9): 40 - 46.

[134] 杨海燕, 孙健, 韦德洪. 机构投资者独立性对代理成本的影响 [J]. 证券市场导报, 2012 (1): 25 - 30.

[135] 杨建君, 盛锁. 股权结构对企业技术创新投入影响的实证研究 [J]. 科学学研究, 2007 (4): 787 - 792.

[136] 杨建君, 王婷, 刘林波. 股权集中度与企业自主创新行为: 基于行为动机视角 [J]. 管理科学, 2015 (2): 1 - 11.

[137] 杨淑娥, 王映美. 大股东控制权私有收益影响因素研究——基于股权特征和董事会特征的实证研究 [J]. 经济与管理研究, 2008 (3): 30 - 35.

[138] 杨勇, 达庆利, 周勤. 公司治理对企业技术创新投资影响的实证研究 [J]. 科学学与科学技术管理, 2007 (11): 61 - 65.

[139] 叶康涛. 公司控制权的隐性收益——来自中国非流通股转让市场的研究 [J]. 经济科学, 2003 (5): 61 - 69.

[140] 叶松勤，徐经长．大股东控制与机构投资者的治理效应——基于投资效率视角的实证分析［J］．证券市场导报，2013（5）：35－42．

[141] 叶勇，胡培，黄登仕．中国上市公司终极控制权及其与东亚、西欧上市公司的比较分析［J］．南开管理评论，2005（3）：25－31．

[142] 叶志强，赵炎．独立董事、制度环境与研发投入［J］．管理学报，2017（7）：1033－1040．

[143] 殷召良．公司控制权法律问题研究［M］．北京：法律出版社，2001．

[144] 于东智．董事会、公司治理与绩效——对中国上市公司的经验分析［J］．中国社会科学，2003（3）：29－41．

[145] 俞红海，徐龙炳，陈百助．终极控股股东控制权与自由现金流过度投资［J］．经济研究，2010（8）：103－114．

[146] 袁德利，罗贤慧，尹林辉．研发投入是董事会治理提升企业价值的传导机制吗？［J］．科技管理研究，2017（1）：201－206．

[147] 张峰，邱玮．探索式和开发式市场创新的作用机理及其平衡［J］．管理科学，2013（1）：1－13．

[148] 张横峰．媒体报道、会计稳健性与控制权私有收益［J］．江西社会科学，2017（3）：84－90．

[149] 张徽燕，何楠，高远辉．组织学习能力、双元性创新与企业绩效间关系的实证研究［J］．技术经济，2014（5）：40－45＋111．

[150] 张济建，苏慧，王培．产品市场竞争、机构投资者持股与企业R&D投入关系研究［J］．管理评论，2017（11）：89－97．

[151] 张建宇，蔡双立．探索性创新与开发性创新的协调路径及其对绩效的影响［J］．科学学与科学技术管理，2012（5）：64－70．

[152] 张林新．控制权私人收益测度的一种新方法［J］．求索，2009（5）：14－16．

[153] 张凌．企业技术创新项目评价与决策体系研究［M］．北京：人民出版社，2006．

[154] 张其秀，冉毅，陈守明，王桂．研发投入与公司绩效：股权制衡还是股权集中？——基于国有上市公司的实证研究［J］．科学学与科学技术管理，2012（7）：126－132．

[155] 张栓兴，方小军，李京. 创业板上市公司研发投入对成长性的影响研究——基于股权结构的调节作用 [J]. 科技管理研究，2017（8）：143－149.

[156] 张硕，赵息. 资本投向差异与私利攫取——来自中国上市公司控制权转移的经验证据 [J]. 会计研究，2016（12）：44－50.

[157] 张维迎. 所有权、公司治理与委托代理关系——兼评崔之元和周其仁的一些观点 [J]. 经济研究，1996（9）：3－16.

[158] 张西征. 中国企业所有权结构对研发投资影响的研究 [J]. 管理学报，2013（10）：1492－1501.

[159] 张璇，刘凤芹. 控制权私利、股权结构与董事会特征——来自中国民营上市公司的经验证据 [J]. 山东社会科学，2018（5）：148－153.

[160] 张亚新. 二元性创新平衡、价值网络交易集中度与制造企业绩效 [J]. 财贸研究，2018（5）：91－98.

[161] 张玉娟，汤湘希. 股权结构、高管激励与企业创新——基于不同产权性质 A 股上市公司的数据 [J]. 山西财经大学学报，2018（9）：76－93.

[162] 张兆国，何威风，周婕. 中国上市公司控股股东私有收益影响因素的实证研究 [J]. 中国软科学，2006（11）：81－87.

[163] 张振新，杜光文，王振山. 监事会、董事会特征与信息披露质量 [J]. 财经问题研究，2011（10）：60－67.

[164] 赵昌文，蒲自立，杨安华. 中国上市公司控制权私有收益的度量及影响因素 [J]. 中国工业经济，2004（6）：100－106.

[165] 赵昌文，唐英凯，周静，邹晖. 家族企业独立董事与企业价值——对中国上市公司独立董事制度合理性的检验 [J]. 管理世界，2008（8）：119－126＋167.

[166] 赵国宇，禹薇. 大股东股权制衡的公司治理效应——来自民营上市公司的证据 [J]. 外国经济与管理，2018（11）：60－72.

[167] 赵洪江，陈学华，夏晖. 公司自主创新投入与治理结构特征实证研究 [J]. 中国软科学，2008（7）：145－149.

[168] 赵洪江，夏晖. 机构投资者持股与上市公司创新行为关系实证研究 [J]. 中国软科学，2009（5）：33－39.

[169] 赵旭峰, 温军. 董事会治理与企业技术创新: 理论与实证 [J]. 当代经济科学, 2011 (3): 110 – 116 + 128.

[170] 郑晓倩. 董事会特征与企业风险承担实证研究 [J]. 金融经济学研究, 2015 (3): 107 – 118.

[171] 郑志刚, 吕秀华. 董事会独立性的交互效应和中国资本市场独立董事制度政策效果的评估 [J]. 管理世界, 2009 (7): 133 – 144 + 188.

[172] 周世成. 我国上市公司控制权私利及其影响因素分析 [J]. 财经论丛, 2008 (5): 83 – 89.

[173] 周瑜胜, 宋光辉. 超额控制权、股东制衡、公司控制中双重代理效应研究——内生性与边际性视角的同期与跨期效应实证检验 [J]. 山西财经大学学报, 2013 (7): 77 – 91.

[174] 邹国庆, 孙婧. 企业探索性创新与利用性创新平衡关系研究动态 [J]. 经济纵横, 2013 (2): 113 – 115.

[175] 左晶晶, 唐跃军, 眭悦. 第二类代理问题、大股东制衡与公司创新投资 [J]. 财经研究, 2013 (4): 38 – 47.

[176] Adams R, Ferreira D. Moderation in Groups: Evidence from Betting on Ice Break-ups in Alaska [J]. The Review of Economic Studies, 2010, 77 (3): 882 – 913.

[177] Aggarwal R K, Samwick A A. Why Do Managers Diversify Their Firms? Agency Reconsidered [J]. The Journal of Finance, 2003, 58 (1): 71 – 118.

[178] Aghion P, Reenen J V, Zingales L. Innovation and Institutional Ownership [J]. The American Economic Review, 2013, 103 (1): 277 – 304.

[179] Aghion P, Tirole J. Formal and Real Authority in Organization [J]. Journal of Political Economy, 1997, 105 (1): 1 – 29.

[180] Akerlof G A. The Market for "Lemons": Quality Uncertainty and the Market Mechanism [J]. The Quarterly Journal of Economics, 1970, 84 (3): 488 – 500.

[181] Alchian A A, Demsetz H. Production Information Costs, and Economic Organization [J]. The American Economic Review, 1972, 62 (5): 777 – 795.

[182] Almeida H V, Wolfenzon D. A Theory of Pyramidal Ownership and Family

Business Groups [J]. The Journal of Finance, 2006, 61 (6): 2637 - 2680.

[183] Bai C E, Liu Q, Song F M. The Value of Corporate Control: Evidence from China's Distressed Firms [EB/OL]. SSRN Electronic Journal, 2002.

[184] Banerjee S, Leleux B, Vermaelen T. Large Shareholdings and Corporate Control: An Analysis of Stake Purchases by French Holding Companies [J]. European Financial Management, 1997, 3 (1): 23 - 43.

[185] Barclay M J, Holderness C G. Private Benefits from Control of Public Corporations [J]. Journal of Financial Economics, 1989, 25 (2): 371 - 395.

[186] Baysinger B D, Kosnik R D, Turk T A. Effects of Board and Ownership Structure on Corporate R&D Strategy [J]. The Academy of Management Journal, 1991, 34 (1): 205 - 214.

[187] Bebchuk L A. A Rent-Protection Theory of Corporate Ownership and Control [EB/OL]. NBER Working Paper No. 7203, 1999.

[188] Bebchuk L A, Kraakman R, Triantis G. Stock Pyramids, Cross-Ownership, and the Dual Class Equity: The Creation and Agency Costs of Separating Control from Cash Flow Rights [J]. [EB/OL]. NBER Working Paper No. 6951, 1999.

[189] Belcredi M, Enriques L. Institutional Investor Activism in a Context of Concentrated Ownership and High Private Benefits of Control: The Case of Italy [EB/OL]. Law Working Paper No. 225, 2014.

[190] Bennedsen M, Wolfenzon D. The Balance of Power in Closely Held Corporations [J]. Journal of Financial Economics, 2000, 58 (1 - 2): 113 - 139.

[191] Benner M J, Tushman M L. Expoitation, Exploration, and Process Management: The Productivity Dilemma Revisited [J]. The Academy of Management Review, 2003, 28 (2): 238 - 256.

[192] Berle A A, Means G C. The Modern Corporation and Private Property [M]. New York: Commerce Clearing House, 1932.

[193] Besley T, Prat A. Handcuffs for the Grabbing Hand? Media Capture and Government Accountability [J]. The American Economic Review, 2006, 96 (3): 720 - 736.

［194］Bloch F, Hege U. Multiple Shareholders and Control Contests ［EB/OL］. MPRA Paper, 2003.

［195］Boone A L, Field L C, Karpoff J M, Raheja C G. The Determinants of Corporate Board Size and Composition: An Empirical Analysis ［J］. Journal of Financial Economics, 2007, 85 (1): 66 – 101.

［196］Boyd B K. Board Control and CEO Compensation ［J］. Strategic Management Journal, 1994, 15 (5): 335 – 344.

［197］Boyd J, Smith B. The Coevolution of the Real and Financial Sectors in the Growth Process ［J］. The World Bank Economic Review, 1996, 10 (2): 371 – 396.

［198］Bozec Y, Laurin C. Large Shareholder Entrenchment and Performance: Empirical Evidence from Canada ［J］. Journal of Business Finanee & Accounting, 2008, 35 (1 – 2): 5 – 49.

［199］Brickley J A, Lease R C, Smith C. Ownership Structure and Voting on Antitakeover Amendments ［J］. Journal of Financial Economics, 1988, 20 (1 – 2): 267 – 291.

［200］Bushee B J. The Influence of Institutional Investors on Myopic R&D Investment Behavior ［J］. The Accounting Review, 1998, 73 (3): 305 – 333.

［201］Cao Q, Gedajlovic E, Zhang H P. Unpacking Organizational Ambidexterity: Dimensions, Contingencies, and Synergistic Effects ［J］. Organization Science, 2009, 20 (4): 781 – 796.

［202］Chemmanur T J, Loutskina E, Tian X. Corporate Venture Capital, Value Creation, and Innovation ［J］. The Review of Financial Studies, 2014, 27 (8): 2434 – 2473.

［203］Chen V Z, Li J, Shapiro D M. Are OECD-Prescribe "Good Corporate Governance Practices" Really Good in an Emerging Economy? ［J］. Asia Pacific Journal of Management, 2011, 28 (1): 115 – 138.

［204］Chen X, Harford J, Li K. Monitoring: Which Institutions Matter? ［J］. Journal of Financial Economics, 2007, 86 (2): 279 – 305.

［205］Claessens S, Djankov S, Fan J P H, Lang L H P. Disentangling the

Incentive and Entrenchment Effects of Large Shareholdings [J]. The Journal of Finance, 2002, 57 (6): 2741 – 2771.

[206] Claessens S, Djankov S, Lang L H P. The Separation of Ownership and Control in East Asian Corporations [J]. Journal of Financial Economics, 2000, 58 (1 – 2): 81 – 112.

[207] Cohn J B, Rajan U. Optimal Corporate Governance in the Presence of an Activist Investor [J]. Review of Financial Studies, 2013, 26 (4): 985 – 1020.

[208] Colbert B A. The Complex Resource-Based View: Implications for Theory and Practice in Strategic Human Resource Management [J]. The Academy of Management Review, 2004, 29 (3): 341 – 358.

[209] Cornett M M, Marcus A J, Saunders A, Tehranian H. The Impact of Institutional Ownership on Corporate Operating Performance [J]. Journal of Banking & Finance, 2007, 31 (6): 1771 – 1794.

[210] Czarnitzki D, Kraft K. Firm Leadership and Innovative Performance: Evidence from Seven EU Countries [J]. Small Business Economics, 2004, 22 (5): 325 – 332.

[211] Dahya J, Karbhari Y, Xiao Z J. The Supervisory Board in Chinese Listed Companies: Problems, Causes, Consequences and Remedies [J]. Asia Pacific Business Review, 2002, 9 (2): 118 – 137.

[212] De Cleyn S H, Braet J. Do Board Composition and Investor Type Influence Innovativeness in SMEs? [J]. International Entrepreneurship and Management Journal, 2012, 8 (3): 285 – 308.

[213] Demsetz H, Lehn K. The Structure of Corporate Ownership: Causes and Consequences [J]. Journal of Political Economy, 1985, 93 (6): 1155 – 1177.

[214] Deng Z L, Hofman P, Newman A. Ownership Concentration and Product Innovation in Chinese Private SMEs [J]. Asia Pacific Journal of Management, 2013, 30 (3): 717 – 734.

[215] Desai V M. The Behavioral Theory of the (Governed) Firm: Corporate Board Influences on Organizations' Responses to Performance Shortfalls [J]. The Academy of Management Journal, 2016, 59 (3): 860 – 879.

[216] Deutsch Y. The Impact of Board Composition on Firms' Critical Decisions: A Meta-Analytic Review [J]. Journal of Managemnt, 2005, 31 (3): 424 – 444.

[217] Doidge C A. U. S. Cross-Listings and the Private Benefits of Control: Evidence from Dual-Class Firms [J]. Journal of Financial Economics, 2004, 72 (3): 519 – 553.

[218] Dyck A, Zingales L. Private Benefits of Control: An International Comparison [J]. The Journal of Finance, 2004, 59 (2): 537 – 600.

[219] Enos J L. Petroleum Progress and Profits: A History of Process Innovation [M]. The MIT Press, Cambridge MA, 1962.

[220] Faccio M, Lang L H P. The Ultimate Ownership of Western European Corporations [J]. Journal of Financial Economics, 2002, 65 (3): 365 – 395.

[221] Fama E F, Jensen M C. Separation of Ownership and Control [J]. Journal of Law and Economics, 1983, 26 (2): 301 – 325.

[222] Fang C, Lee J, Schilling M A. Balancing Exploration and Exploitation Through Structural Design: The Isolation of Subgroups and Organizational Learning [J]. Organization Science, 2010, 21 (3): 625 – 642.

[223] Fernhaber S A, Patel P C. How Do Young Firms Manage Product Portfolio Complexity? The Role of Absorptive Capacity and Ambidexterity [J]. Strategic Management Journal, 2012, 33 (13): 1516 – 1539.

[224] Ferreira M A, Matos P. The Colors of Investors' Money: The Role of Institutional Investors Around the World [J]. Journal of Financial Economics, 2008, 88 (3): 499 – 533.

[225] Franks J, Mayer C. Corporate Ownership and Control in the U. K., Germany, and France [J]. Journal of Applied Corporate Finance, 1997, 9 (4): 30 – 45.

[226] Gadhoum Y, Lang L H P, Young L. Who Controls US? [J]. European Financial Management, 2005, 11 (3): 339 – 363.

[227] Gibson C B, Birkinshaw J. The Antecedents, Consequences and Mediating Role of Organizational Ambidexterity [J]. The Academy of Management

Journal, 2004, 47 (2): 209 - 226.

[228] Gomes J, Livdan D. Optimal Diversification: Reconciling Theory and Evidence [J]. Journal of Finance, 2004, 59 (2): 507 - 535.

[229] Grossman S J, Hart O D. One Share-One Vote and the Market for Corporate Control [J]. Journal of Financial Economics, 1988, 20 (1 - 3): 175 - 202.

[230] Grossman S J, Hart O D. Takeover Bids, the Free-Rider Problem, and the Theory of the Corporation [J]. The Bell Journal of Economics, 1980, 11 (1): 42 - 64.

[231] Gugler K. Corporate Governance, Dividend Payout Policy, and the Interrelation between Dividends, R&D, and Capital Investment [J]. Journal of Banking & Finance, 2003, 27 (7): 1297 - 1321.

[232] Gupta A K, Smith K G, Shalley C E. The Interplay between Exploration and Exploitation [J]. The Academy of Management Journal, 2006, 49 (4): 693 - 706.

[233] Hambrick D C, Cho T S, Chen M J. The Influence of Top Management Team Heterogeneity on Firm's Competitive Moves [J]. Administrative Science Quarterly, 1996, 41 (4): 659 - 684.

[234] Hanouna P, Sarin A, Shapiro A C. Value of Corporate Control: Some International Evidence [J]. Journal of Investment Management, 2013, 11 (3): 78 - 99.

[235] Harris M, Raviv A. Corporate Governance: Voting Rights and Majority Rules [J]. Journal of Financial Economics, 1988, 20 (1 - 2): 203 - 235.

[236] Hart O. Firm, Contracts, and Financial [M]. London: Oxford University Press, 1995.

[237] He Z L, Wong P K. Exploration vs. Exploitation: An Empirical Test of the Ambidexterity Hypothesis [J]. Organization Science, 2004, 15 (4): 481 - 494.

[238] Hill C W L, Snell S A. External Control, Corporate Strategy, and Firm Performance in Research - Intensive Industries [J]. Strategic Management Journal, 1988, 9 (6): 577 - 590.

[239] Hillman A J, Withers M C, Collins B J. Resource Dependence Theory: A Review [J]. Journal of Management, 2009, 35 (6): 1404 – 1427.

[240] Hsiao S H. PTE, Innovation Capital and Firm Value Interactions in the Biotech Medical Industry [J]. Journal of Business Research, 2014, 67 (12): 2636 – 2644.

[241] Iwasaki I. Firm-Level Determinants of Board System Choice: Evidence from Russia [J]. Comparative Economic Studies, 2013, 55 (4): 636 – 671.

[242] Jackie D V, Laurin C, Bozec Y. R&D Activity in Canada: Does Corporate Ownership Structure Matter? [J]. Canadian Journal of Administrative Sciences, 2010, 27 (2): 107 – 121.

[243] Jaffe A B, Palmer K. Environmental Regulation and Innovation: A Panel Data Study [J]. The Review of Economics and Statistics, 1997, 79 (4): 610 – 619.

[244] Jansen J J P, Simsek Z, Cao Q. Ambidexterity and Performance in Multiunit Contexts: Cross-Level Moderating Effects of Structural and Resource Attributes [J]. Strategic Management Journal, 2012, 33 (11): 1286 – 1303.

[245] Jansen J J P, Van Den Bosch F A J, Volberda H W. Exploratory Innovation, Exploitative Innovation, and Performance: Effects of Organizational Antecedents and Environmental Moderators [J]. Management Science, 2006, 52 (11): 1661 – 1674.

[246] Jensen M C. Agency Costs of Free Cash Flow, Corporate Finance, and Takeovers [J]. The American Economic Review, 1986, 76 (2): 323 – 329.

[247] Jensen M C, Meckling W H. Theory of Firm: Managerial Behavior, Agency Costs and Ownership Structure [J]. Journal of Financial Economics, 1976, 3 (4): 305 – 360.

[248] Jensen M C, Ruback R S. The Market for Corporate Control: The Scientific Evidence [J]. Journal of Financial Economics, 1983, 11 (1 – 4): 5 – 50.

[249] Jensen M C. The Modern Industrial Revolution, Exit, and the Failure of Internal Control Systems [J]. The Journal of Finance, 1993, 22 (1): 43 – 58.

[250] Johnson S, La Porta R, Lopez-de-Silanes F, Shleifer A. Tunneling

［J］. American Economic Review, 2000, 90 (2): 22 – 27.

［251］Kogan N, Wallach M A. Risk Taking: A Study in Cognition and Personality ［M］. New York: Holt, 1964.

［252］Lall S. Technological Capabilities and Industrialization ［J］. World Development, 1992, 20 (2): 165 – 186.

［253］La Porta R, Lopez-de-Silanes F, Shleifer A . Corporate Ownership Around the World ［J］. Journal of Finance, 1999, 54 (2): 471 – 517.

［254］La Porta R, Lopez-de-Silanes F, Shleifer A , Vishny R W. Investor Protection and Corporate Governance ［J］. Journal of Financial Economics, 2000, 58 (1 – 2): 3 – 27.

［255］La Porta R, Lopez-de-Silanes F, Shleifer A , Vishny R W. Investor Protection and Corporate Valuation ［J］. The Journal of Finance, 2002, 57 (3): 1147 – 1170.

［256］La Porta R, Lopez-de-Silanes F, Shleifer A , Vishny R W. Law and Finance ［J］. Journal of Political Economy, 1998, 106 (6): 1113 – 1155.

［257］La Porta R, Lopez-de-Silanes F, Shleifer A , Vishny R W. Legal Determinants of External Finance ［J］. The Journal of Finance, 1997, 52 (3): 1131 – 1150.

［258］Lavie D, Stettner U, Tushman M L. The Academy of Management Annals Exploration and Exploitation Within and Across Organizations ［J］. Academy of Management Annals, 2010, 4 (1): 109 – 155.

［259］Lease R C, McConnell J J, Mikkelson W H. The Market Value of Control in Publicly-Traded Corporations ［J］. Journal of Financial Economics, 1983, 11 (1 – 4): 439 – 471.

［260］Lemmon M L, Lins K V. Ownership Structure, Corporate Governance, and Firm Value: Evidence from the East Asian Financial Crisis ［J］. The Journal of Finance, 2003, 58 (4): 1445 – 1468.

［261］Levinthal D A, March J G. The Myopia of Learning ［J］. Strategic Management Journal, 1993, 14 (S2): 95 – 112.

［262］Linck J S, Netter J M, Yang T. The Determinants of Board Structure

[J]. Journal of Financial Economics, 2008, 87 (2): 308 – 328.

[263] Loss L, Seligman J, Paredes T. Fundamentals of Securities Regulation (5th Edition) [M]. Aspen Publishers Inc, 2015.

[264] Manne H G. Mergers and the Market for Corporate Control [J]. Journal of Political Economy, 1965, 73 (4): 110 – 120.

[265] Mansfield E. Industrial Research and Development Expenditures: Determinants, Prospects and Relation of Size of Firm and Inventive Output [J]. Journal of Political Eeonomy, 1964, 72 (4): 319 – 340.

[266] March J G. Exploration and Exploitation in Organizational Learning [J]. Organization Science, 1991, 2 (1): 71 – 87.

[267] Maury B, Pajuste A. Multiple Large Shareholders and Firm Value [J]. Journal of Banking & Finance, 2005, 29 (7): 1813 – 1834.

[268] McCahery J A, Sautner Z, Starks L T. Behind the Scenes: The Corporate Governance Preferences of Institutional Investors [J]. Journal of Finance, 2016, 71 (6): 2905 – 2932.

[269] McGrath R G. Exploratory Learning, Innovative Capacity, and Managerial Oversight [J]. Academy of Management Journal, 2001, 44 (1): 118 – 131.

[270] Morck R, Shleifer A, Vishny R W. Management Ownership and Market Valuation: An Empirical Analysis [J]. Journal of Financial Economics, 1988, 20 (1 – 3): 293 – 315.

[271] Morellec E. Can Managerial Discretion Explain Observed Leverage Ratios? [J] The Review of Financial Studies, 2004, 17 (1): 257 – 294.

[272] Mueser R. Identifying Technical Innovation: IEEE Transactions on Engineering Management [J]. Journal of Science Policy & Research Managemen, 1985, 32 (4): 158 – 176.

[273] Myers S C, Majluf N S. Corporate Financing and Investment Decisions When Firms Have Information That Investors Do Not Have [J]. Journal of Financial Economics, 1984, 13 (2): 187 – 221.

[274] Nagar V, Petroni K R, Wolfenzon D. Ownership Structure and Firm Performance in Closely-held Corporations [EB/OL]. Working Paper, 2000.

［275］ Nenova T. The Value of Corporate Voting Rights and Control: A Cross-Country Analysis ［J］. Journal of Financial Economics, 2003, 68 (3): 325 – 351.

［276］ Nickell S, Nicolitsas D, Dryden N. What makes firms perform well? ［J］. European Economic Review, 1997, 41 (3 – 5): 783 – 796.

［277］ Nicodano G, Sembenelli A. Private Benefits, Block Transaction Premiums and Ownership Structure ［J］. International Review of Financial Analysis, 2004, 13 (2): 227 – 244.

［278］ O'Connor M, Rafferty M. Corporate Governance and Innovation ［J］. Journal of Financial and Quantitative Analysis, 2012 (2): 397 – 413.

［279］ Osma B G. Board Independence and Real Earnings Management: The Case of R&D Expenditure ［J］. Corporate Governance: An International Review, 2008, 16 (2): 116 – 131.

［280］ Owen B M. Media as Industry, The Right to Tell: The Role of Mass Media in Economic Growth ［R］. The World Bank, 2002.

［281］ Pagano M, Roell A. The Choice of Stock Ownership Structure: Agency Costs, Monitoring, and the Decision to Go Public ［J］. The Quarterly Journal of Economics, 1998, 113 (1): 187 – 225

［282］ Raisch S, Birkinshaw J, Probst G, Tushman M L. Organizational Ambidexterity: Balancing Exploitation and Exploration for Sustained Performance ［J］. Organization Science, 2009, 20 (4): 685 – 695.

［283］ Raquel O A, Rosina M, Jordi S C. Ownership Structure and Innovation: Is There a Real Link? ［J］. The Annals of Regional Science, 2005, 39 (4): 637 – 662.

［284］ Sah R K, Stiglitz J E. The Quality of Managers in Centralized Versus Decentralized Organizations ［J］. The Quarterly Journal of Economics, 1991, 106 (1): 289 – 295.

［285］ Shleifer A, Vishny R W. A Survey of Corporate Governance ［J］. The Journal of Finance, 1997, 52 (2): 737 – 783.

［286］ Shleifer A, Vishny R W. Large Shareholders and Corporate Control ［J］. Journal of Political Economy, 1986, 94 (3): 461 – 488.

［287］Shukeri S N，Shin O W，Shaari M S. Does Board of Director's Characteristics Affect Firm Performance? Evidence from Malaysian Public Listed Companies ［J］. International Business Research，2012，5（9）：120 – 127.

［288］Solow R M. Technical Change and the Aggregate Production Function ［J］. Review of Economics and Statistics，1957，39（3）：312 – 320.

［289］Stulz R. Managerial Discretion and Optimal Financing Policies ［J］. Journal of Financial Economics，1990，26（1）：3 – 27.

［290］Su Z F，Li J Y，Yang Z P，Li Y. Exploratory Learning and Exploitative Learning in Different Organizational Structures ［J］. Asia Pacific Journal of Management，2011，28（4）：697 – 714.

［291］Tushman M L，O'Reilly III C A. The Ambidextrous Organizations：Managing Evolutionary and Revolutionary Change ［J］. California Management Review，1996，38（4）：8 – 30.

［292］Uotila J，Maula M V J，Zahra S A，Keil T. Exploration，Exploitation，and Financial Performance：Analysis of S&P 500 Corporations ［J］. Strategic Management Journal，2009，30（2）：221 – 231.

［293］Utterback J M，Abernathy W J. A Dynamic Model of Process and Product Innovation ［J］. Omega，1975，3（6）：639 – 656.

［294］Voss G B，Voss Z G. Strategic Ambidexterity in Small and Medium-Sized Enterprises：Implementing Exploration and Exploitation in Product and Market Domains ［J］. Organization Science，2013，24（5）：1459 – 1477.

［295］Wang H，Li J T. Untangling the Effects of Overexploration and Overexploitation on Organizational Performance：The Moderating Role of Environmental Dynamism ［J］. Journal of Management，2008，34，（5）：925 – 951.

［296］Wu J F，Tu R T. CEO Stock Option Pay and R&D Spending：A Behavioral Agency Explanation ［J］. Journal of Business Research，2007，60（5）：482 – 492.

［297］Wu X P，Wang Z. Equity Financing in a Myers-Majluf Framework with Private Benefits of Control ［J］. Journal of Corporate Finance，2005，11（5）：915 – 945.

［298］Yafeh Y, Yosha O. Large Shareholders and Banks: Who Monitors and How? ［J］. Economic Journal, 2003, 113（484）: 128 –146.

［299］Yeh Y H, Woidtke T. Commitment or Entrenchment? Controlling Shareholders and Board Composition ［J］. Journal of Banking & Finance, 2005, 29（7）: 1857 –1885.

［300］Yermack D. Higher Market Valuation of Companies with a Small Board of Directors ［J］. Journal of Financial Economics, 1996, 35（3）: 451 –469.

［301］Zahra S A, Neubaum D O, Huse M. Entrepreneurship in Medium-Size Companies: Exploring the Effects of Ownership and Governance Systems ［J］. Journal of Management, 2000, 26（5）: 947 –976.

［302］Zingales L. What Determines the Value of Corporate Votes? ［J］. The Quarterly Journal of Economics, 1995, 110（4）: 1047 –1073.